좋은

엄마인

척

그만

하겠습니다

부모 되는 철학 시리즈
함께 나누는 행복 이야기 부모가 된다는 것은 지구상에서 가장 힘들고 어렵다. 동시에 가장 중요한 일이기도 하다. '부모되는 철학 시리즈'는 아이의 올바른 성장을 돕는 교육 가치관을 정립하고 행복한 가정을 만들어 가는 데 긍정적인 역할을 할 것이다. 부모가 행복해야 아이들도 행복하다. 행복한 아이와 행복한 부모, 나아가 행복한 가정 속에 미래를 꿈꾸며 성장시키는 것이 부모되는 철학의 힘이다.

나와 아이 사이 자존감 찾기

좋은 엄마인 척 그만하겠습니다

초　판 1쇄 2018년 7월 30일
개정판 1쇄 2024년 4월 15일

지은이. 박현순
펴낸이. 김태영

씽크스마트 책 짓는 집
경기도 고양시 덕양구 청초로66
덕은리버워크 지식산업센터 B-1403호
전화. 02-323-5609

홈페이지. www.tsbook.co.kr
블로그. blog.naver.com/ts0651
페이스북. @official.thinksmart
인스타그램. @thinksmart.official
이메일. thinksmart@kakao.com

ISBN 978-89-6529-403-0 (03370)

*__씽크스마트__ - 더 큰 생각으로 통하는 길
'더 큰 생각으로 통하는 길' 위에서 삶의 지혜를 모아 '인문교양, 자기계발, 자녀교육, 어린이 교양·학습, 정치사회, 취미생활' 등 다양한 분야의 도서를 출간합니다. 바람직한 교육관을 세우고 나다움의 힘을 기르며, 세상에서 소외된 부분을 바라봅니다. 첫 원고부터 책의 완성까지 늘 시대를 읽는 기획으로 책을 만들어, 넓고 깊은 생각으로 세상을 살아갈 수 있는 힘을 드리고자 합니다.

*__도서출판 큐__ - 더 쓸모 있는 책을 만나다
도서출판 큐는 울퉁불퉁한 현실에서 만나는 다양한 질문과 고민에 답하고자 만든 실용교양 임프린트입니다. 새로운 작가와 독자를 개척하며, 변화하는 세상 속에서 책의 쓸모를 키워갑니다. 홍겹게 춤추듯 시대의 변화에 맞는 '더 쓸모 있는 책'을 만들겠습니다.

*__천개의마을학교__ - 대안적 삶과 교육을 지향하는 마을학교
당신은 지금 무엇을 배우고 싶나요? 살면서 나누고 배우고 익히는 취향과 경험을 팝니다. 〈천개의마을학교〉에서는 누구에게나 학습과 출판의 기회가 있습니다. 배운 것을 나누며 만들어진 결과물을 책으로 엮어 세상에 내놓습니다.

자신만의 생각이나 이야기를 펼치고 싶은 당신.
책으로 사람들에게 전하고 싶은 아이디어나 원고를 메일(thinksmart@kakao.com)로 보내주세요.
씽크스마트는 당신의 소중한 원고를 기다리고 있습니다.

이 책은 〈화내는 엄마에게〉의 개정판입니다.

부모되는
철학 시리즈
26

좋은 엄마인 척 그만하겠습니다

박현순 지음

나와 아이 사이 자존감 찾기

추천의 글

심리상담사인 필자가 아이 둘을 키우며 초보엄마로서 겪은 외로운 투쟁 스토리가 마치 곁에서 지켜보듯 생생했다. 말괄량이 소녀 삐삐처럼 좌충우돌하며 새로운 상황을 온몸으로 부딪치며 용감하게 헤쳐나간 감동적인 이야기가 같은 일을 겪을 새내기 엄마들에게 따뜻한 길잡이가 되리라 믿는다.

– 전 성신여자대학교 심리학과 교수, 현 게슈탈트하일렌 원장 **김정규**

엄마가 육아로 성장하여 마음의 평온을 이룬 실제 경험을 다룬 책입니다. 아이를 키우면서 그토록 화가 나는 것은 조건적인 사랑을 받은 어린 시절, 무의식에 억압된 감정을 친밀한 관계에서 아이들이 건드리기 때문이지요. 엄마가 자기 무의식에 있는 감정을 대면하여 더 이상 감정에 휩싸이지 않고 자신의 내면을 지켜보면서 평온해진다면 아이들은 잘 자라고 가정은 행복해질 겁니다. 심리치료사인 저자는 대면의 과정과 그에 따른 의식 변화를 자세하게 기록했습니다. 이 책은 육아가 고통이고, 아이들과 함께하는 시간이 행복하지 않은 엄마들에게 육아를 통한 성장의 희망과 기쁨을 줄 것입니다.

– 《몰입독서》, 《내면여행》 작가, 푸름아빠 **최 희 수**

내면아이 치유, 엄마치유 상담가로 마음이 아픈 엄마들을 오랜 시간 가슴에 품어온 상담전문가의 엄마마음 치유서입니다. 엄마로 살며 아픈 마음을 치유하려고 몸부림친 시간, "나도 그랬어"라고 말을 건네며 있는 그대로 자신을 사랑하게 된 삶의 이야기를 전해줍니다. 책을 읽는 내내 상담을 받듯 제 가슴에도 위로, 힘, 따뜻함이 전해졌습니다. '나'를 잃어버린 엄마들에게 진심 어린 위로를 전하고 '나'를 되찾게 했습니다. 책장을 덮는 순간 사랑스런 자신을 꼬옥 안아주게 될 것입니다.

– 《그 아이만의 단 한사람》, 《버츄 프로젝트 수업》 작가 **권 영 애**

예수와 붓다가 아이를 양육했다면 어떠했을까? 그분들도 좋은 부모의 역할로 고민하며 좌충우돌 시행착오를 거쳤을 것이다. 상담자로서 또 아이를 돌보는 엄마로서 진솔한 고민이 묻어난다. 엄마 자신의 성장을 꾀하는 모습이 아름답게 그려져 있다. 마음챙김을 배우고 또 그것을 통해 자기 마음을 돌보는 모습을 보며 지도해준 사람으로 감사함이 일어난다. 우리의 삶은 이런 고민 속에서 성장할 수밖에 없다. 구절구절 공감을 일으키며 따뜻한 마음으로 인도하는 책이다.

– MBSR(마음챙김 명상을 통한 스트레스 이완프로그램) 전문가 **홍 정 수**

어느덧 중학생이 된 딸아이와 함께 하는 여행은 때론 일상의 육아보다 혹독한 엄마 수련이 필요하다. 파나마의 작은 섬들을 여행하며 밤마다 일기를 쓰듯 저자의 마음 치유를 만났다. 매일, 조금씩, 꾸준히, 저자가 일러준 대로. 따뜻한 교감을 나눈 다음 날은 한층 느긋한 마음으로 아이와 길을 나설 수 있었다. 이 책은 좋은 엄마 가이드북이라기보다는 좋은 연대와 따뜻한 공감으로 이끄는 길동무이다.

– 《착한 성장여행》, 《엄마딸 마음여행》 작가, 공정여행가 **박 선 아**

육아가 뭔지 모른 채 두 아이의 엄마가 되었다. 내가 사랑하는 사람을 닮은 예쁜 아이가 태어나기만 하면 행복할 줄 알았는데 육아는 장밋빛이 아닌 그야말로 가시밭길이었다. 미숙하고 외면하고 싶던 내 바닥까지 마주쳐야 했다. 순간순간 올라오는 감정에 아이들에게 화를 쏟아내고 '나만 왜 이럴까?' 자괴감이 들 정도로 괴로웠다. 그때 이 책을 만났으면 얼마나 좋았을까? 몸도 마음도 고되지만 잠시 쉬며 마음을 치유한다면 육아를 좀 더 지혜롭게 해나갈 수 있을 것이다. 살면서 가장 중요한 것은 바로 내 마음관리이다. 마음관리를 잘 하는 사람이 인간관계든 육아든 무엇이든 잘 해낼 수 있다. 육아로 힘들고 지친 엄마들에게 쉼표와 같은 이 책을 추천한다.

– 《마법의 독서육아》 작가, 버츄FT **성 지 혜**

'좋은 엄마'가 되기 위한 노력의 기록이다. 그 분투의 과정이 '좋은 엄마'를 내려놓고 '나'에 충실하기로 변해가는 과정이기에 더욱 의미가 있다. 자신을 알아가고 자기 마음을 돌보는 일이 엄마 되기보다 먼저임을 깨닫고, '나'를 넓혀가는 일에 집중한다. "엄마들 모임은 가족에게만 향한 시선을 세상으로 향하게 도와주었다"는 고백처럼 저자는 '엄마 쉼표'를 비롯한 다양한 프로그램을 직접 만들어 다른 엄마들과 고민을 나누고 함께 성장해간다. 비슷한 고민을 하는 엄마들이 '동료' 엄마의 얘기를 듣고 힘을 내기를 소망한다.

– 엄마들의 놀이터 '삐삐앤루팡' **박 지 연**

들어가는 글

초등학교 5학년이 된 첫째가 3학년 때의 일입니다. 어느 날 A4용지를 접어 만든 '엄마 사용 보고서'라는 작은 책자를 보여주었습니다. 학교에서 수업시간에 만든 책이라며 웬일로 저에게 건네주었죠. 그래도 엄마에 관한 책이니 좋은 말이 쓰여 있겠지 내심 기대하며 펼쳐본 첫 장부터 보기 좋게 한방 먹었습니다.

'우리 엄마는 가끔씩 악마로 변한다. 소리를 지르기도 하고, 화를 내며 다른 사람으로 변한다. 이럴 때는 정말 무섭다. 왜 화를 내시는지 모를 때가 많다.'

내가 악마가 될 줄은 꿈에도 몰랐다

엄마에게 편지를 쓰면 늘 '사랑해요, 엄마'만 줄줄이 읊어대던 딸이 엄마를 악마라고 쓴 것에 뒤통수를 제대로 맞은 듯 큰 충격을 받았습니다. 선생님이 이 글을 보면서 저를 어찌 생각하셨을지 창피하기도 하고, 아이

엄마는 왜
악마가 될까?

에게 제가 그런 존재였던가 싶어 미안했습니다. 제 과거 행적을 잘 알면서도 굳이 아이에게 물었습니다.

"엄마가 악마 같을 때가 있었어?"

"응, 당연히 많지~ 애들도 다 이렇게 썼어."

맞습니다. 저는 가끔 악마로 변합니다. 고래고래 소리 지르고, 다짜고짜 따져대고, 무지막지 협박하며 이성을 놓는 때가 제가 생각하는 악마의 모습입니다. 제 안에 이런 모습이 있는 줄 몰랐습니다. 아기를 낳고 키우기 전까지 누군가에게 큰소리 한번 내지 못하는 사람이었으니까요. 오히려 착하게 살아야 한다는 미덕의 덫으로 너무 참고 눌러서 마음의 병이 생겼죠. 그런데 세상에서 가장 사랑하고, 아껴야 하는 아이에게 저의 밑바닥까지 처참하게 드러냈습니다. 아이 잘못도 아닌데 마치 아이 탓인 양 마음속 분노들을 쏟아냈어요. 그래도 아이는 엄마에게 미안하다고, 잘못했다고, 삐뚤빼뚤한 글씨와 웃고 있는 엄마를 크레파스로 그려서 위로해주었죠. 이제는 저도 컸다고 정곡을 콕콕 찌릅니다.

어린 시절 중요한 걸 누구보다 잘 알지만

고3 때 상담사가 되기로 결심했고 지금까지 20년간 심리 상담의 길을 걸어왔습니다. 간절했던 꿈이었기에 도움이 된다면 집단상담, 개인상담, 워크샵, 강의 등을 열심히 찾아다니며 배웠습니다. 정신재활센터, 복지관, 상담센터, 신경정신과, 초·중·고등학교, 대학교, 쉼터 등 다양한 곳에서 상담사로서 유아부터 중년까지 삶의 이야기들을 만나왔습니다. 그 세월 동안 제가 찾은 상담의 열쇠 하나는 놀랍게도 어린 시절의 경험이었습니다. 우울증, 대인관계 어려움, 부부문제 등 현재의 어려움을 호소로 시작하지만, 그 길 끝에는 맞물린 어린 시절이 등장합니다. 부모님께 사랑받고 싶었지만 받지 못한 내면의 어린아이가 있습니다. 존재 자체로 사랑받고자 했던 마음을 발견하여 빈자리를 채우고, 아픔을 치유해 갑니다.

어린 시절의 절대적 가치를 누구보다 잘 알기에 아이들을 잘 키워내리라 자신했습니다. 오만이었음을 깨닫는 데는 출산 후 불과 며칠도 걸리지 않았습니다. 육아, 아이의 마음도 모르겠지만, 제 마음이 뜻대로 움직이질 않았어요. 사랑하는 아이에게 순수한 눈빛을 줄 수 없었고, 얼음장보다 차가운 비수를 날렸습니다. 그 순간이 지나면 저에 대한 죄책감과 실망감에 엄마로서 좌절하고, 회의를 느끼고 도망치고 싶었습니다. 아이와 진짜 사랑을 실감하며 행복하게 보내도 아까울 시간에 찬물을 끼얹는 제가 정말 미웠어요. 가정의 울타리 안에서도 외로웠죠.

괜찮아, 응원해, 사랑해

혼자였던 제가 동네에서 숲모임을 하며 엄마친구들을 만났습니다. 저와 같은 고민을 하며 소리 없는 전쟁을 치르는 엄마들과 이야기를 나누고, 공감하고 토닥여주며 다시 일어날 힘을 얻었습니다. 아이들이 아닌 저를 살리는 시간으로 채워갔어요. 아이들이 마음에 안 들고, 못마땅하고, 화나게 할 때마다 제 마음 이야기를 듣고, 보듬고, 치유하려고 노력했습니다. 몸이 피곤하고 지쳐 악마로 변신하기 전, 저를 보살펴야 했습니다. 개인상담, 집단상담도 받고, 감사일기를 쓰며, 모닝페이지로 글을 쓰고, 마음챙김 명상 등을 하며 꾸준히 마음을 돌봐왔습니다. 엄마들을 위한 개인상담, 집단상담 등의 치유프로그램도 시작했어요.

마음은 끝도 없이 자라나는 잔디 같습니다. 햇볕도 잘 받게 하고, 적당히 물도 주어야 하고, 너무 자라면 무성하지 않도록 고르게 깎아주어야 합니다. 상처받은 마음은 보듬어 주어야 하고, 긍정적인 힘도 쬐여야 하고, 시시각각 움직이는 마음 상태를 알아주어야 합니다. 엄마의 마음은 더 힘을 내야 하지요. 어느 정도 아이랑 맞춰간다 싶으면 또 그새 저만큼 자랐다고 신호를 보냅니다. 뭔가 마음에 안 맞고, 짜증도 내고, 엇갈리는 사인이 나타납니다. 그러면, 엄마는 부지런히 아이의 마음을 알아차리고 받아줄 수 있도록 마음을 들여다봐야 합니다. 예전처럼 지금도 아이에게 화내고, 부딪치며 싸우지만 제 마음의 중심이 판단을 내려요. 제가 나서야 할 때인지, 참아야 하는지, 불안한지, 그렇다면 안심을 시켜줍니다. 무엇보다 자신을 혼내고 비판하던 마음의 목소리가 달라졌습니다. 저를 응원하고, 지지해주고, 사랑해줍니다.

"괜찮아, 현순아. 응원해, 사랑해."

3년 전, 이 말을 마음속에서 듣던 순간을 기억합니다. 신기했어요. 항상 실수했다고 비판하고, 부족한 모습만 탓하던 목소리가 바뀌었습니다. 드디어, 그토록 찾아헤매던 어두운 동굴 속 한 줄기 빛을 만났지요.

마음을 어떻게 다스려야 할까

육아가 고통이고, 가족과 함께하는 시간이 행복하지 않은 엄마들께 도움이 되길 바라는 마음으로 이 책을 썼습니다. 엄마가 되어 수많은 강의를 좇아다니며 궁금했던 것은 오직 하나였습니다. 잘 해주다가도 화가 나고 욱하는 마음을 어떻게 다스려야 할까. 강사님들은 엄마가 도를 닦듯이 수행해야 한다고 했습니다. 자신도 허벅지 수백 번 꼬집으며 참고, 지내왔다고. 아이 때문에 괴로운 것이 아니라 엄마 마음이 괴롭고 불편하고, 화가 나는 것입니다. 엄마의 자기치유 시간이 꼭 필요하다는 걸 알려드리고 싶었습니다.

1장에서는 엄마가 되어 부딪히는 현실을 그렸습니다. 2장은 제가 엄마로 살며 실패와 좌절을 반복했던 시기이며 3장은 막다른 곳에서 제 마음을 찬찬히 내려놓고 저를 바라보기 시작한 때입니다. 4장은 모임을 비롯한 여러 활동으로 마음을 치유해가는 과정과 마음을 꾸준히 관리하는 방법을 다뤘습니다. 마지막 5장에서는 자기치유로 달라진 제 일상과 생각을 정리했습니다. 저를 사랑하게 되면서 육아할 때 제 주관으로 흔들림 없이 꿋꿋하게 걸어가는 모습을 담았습니다.

각 장 앞에는 게슈탈트 심리상담 용어를 넣어 마음의 작용을 설명하고 각 장 뒤에 엄마의 내면치유를 위한 집단상담에서 매 회기에 실제 사용하는 도입 내용을 담았습니다. 읽으면서 떠오른 자신의 모습을 글이나 그림으로 돌아보는 시간을 가져보세요. 작성한 다음에는 따듯하게 바라보면서 자신과 이야기 나누는 시간이 필요합니다. 4장에는 제 이야기와 함께 각자의 치유를 실행하시는 다른 엄마들의 다양한 삶 이야기를 담았습니다.

마음을 돌아보고, 치유가 필요할 때 스스로를 위한 의미 있는 시간을 갖으시길 바라요. 마음을 만나는 것이 생각처럼 쉽지 않습니다. 하지만 아이 때문에 행복해야 해서가 아니라, 아이가 저와 함께하기에 용기를 낼 수 있습니다.

차례

3장 엄마, 지금 여기에서

4장 엄마 자기치유 프로젝트 엄마 마음성장 인터뷰

5장 엄마쉼표, 지금 우리에게 필요한 시간

*일러두기

책에 등장하는 내담자의 사례는 이름, 나이, 상담내용 등 신상정보에서 사실과 다르게 가상으로 바꾸었으므로 실제 존재하지 않는 인물임을 알려드립니다.

누구나 처음 하는 육아 1

[게슈탈트]

정신분석, 인지치료 등과 같이 심리상담에는 여러 방법이 있습니다. 그 중, 아직 대중에게는 생소한 게슈탈트 심리상담 이론을 알려드리고 싶습니다. 게슈탈트 심리상담은 정신분석을 비롯하여 실존철학, 동양사상 등의 광범위한 영향을 독자적인 관점으로 통합하여 새로운 정체성을 확립한 이론입니다. 각 장마다 게슈탈트 심리상담 이론에서 중요한 개념을 소개할게요.

게슈탈트(Gestalt)란 말은 '전체' '형태' '모습' 등의 뜻을 지닌 독일어입니다. 이는 사람들이 자신의 유기체 욕구나 감정을 상황과 맥락을 고려하여 하나의 의미 있는 행동동기로 조직화하여 지각한 것을 말하지요. 우리는 하루에도 수시로 게슈탈트를 형성합니다. 우리의 욕구나 감정을 유의미한 행동으로 만들어서 실행하고, 완결짓기 위해서입니다. 게슈탈트는 아주 잠시 올라온 욕구부터 오랜 시간이 걸리는 경우까지 다양하게 형성됩니다. 예를 들어, 아이를 사랑하는 감정, 아이의 실수로 짜증 나는 감정, 엄마가 자녀들과 떨어져 자신만의 휴식시간을 갖고 싶은 욕구, 자녀를 잘 키워서 좋은 어머니로 평가받고 싶은 욕구 등이 있어요.

엄마로 사는 것도 처음엔 낯선 일인데, 대한민국에서 엄마로 산다는 것은 듣기만 해도 무게감이 엄습해온다. 우리나라는 최근 100여 년 동안 모든 것이 무너진 상태에서 총알처럼 빨리 성장해왔다. 빠른 성장을 이뤄낸 것은 우리의 부모님, 특히 어머니의 헌신적인 노력과 자녀들을 교육하고자 하는 강한 의지였다. 하지만 그동안 우리에게 각인된 희생하는 엄마 이미지와 풍요로워진 생활과 인공지능이 대세가 된, 변해가는 세계적 흐름에 맞는 엄마는 분명 다를 것이다. 우리가 보고, 자라며 겪은 엄마의 모습과 요즘의 엄마 역할은 간격이 하늘과 땅 차이다. 혼란스럽다.

아무도 알려주지 않은 진짜 엄마의 삶

과학자들은 대개 사랑의 유효기간이 18~36개월 정도라고 한다. 누군가를 사랑할 때 왕성하게 분비되는 도파민, 페닐에틸아민, 옥시토신 등의 호르몬이 3년가량 지나면 분비되지 않는다는 얘기다. 임신했을 때부터 신기한 일이 벌어진다. 아직 내 눈앞에 보이지도 않는데 내 몸에 생명이 있음을 알게 되고, 그 누구보다 소중하게 여기고, 어떻게든 지켜내리라는 모성이 발동한다. 출산 후부터는 엄마와 아이의 유대에 중요한 역할을 하는, 사랑호르몬이라는 옥시토신이 분비된다. 그래서 막 사랑에 빠진 연인의 눈에 콩깍지가 쓰인 것처럼 이 세상에 아기밖에 안 보인다. 결혼 전에는 생각할 수 없었던 일들을 해낸다. 화장뿐만 아니라 세수도 안 하고 밖에 나가고, 머리도 아이한테 뜯기고 잡히니 하나로 질끈 묶는다. 며칠씩 입어 무릎이 나온 바지도 별 문제가 안 된다. 한낮에 사람들 지나다니는 길가에서 아이를 위해 동요도 씩씩하게 부르고 춤도 춰준다. 필요하면 밖에서도 요령 있게 옷을 올려 수유를 한다. 밤에도 몇 번씩 깨서 아이를 먹이고, 달래고, 재우며 버텨내고, 아픈 날에는 뜬눈으로 밤을 새우며 옆에서 간호한다. 이 아이를 위해서는 무섭고 두려울 것이 없는 무적의 용사가 되어 멋지게 지켜주고 싶다. '내 눈에는 너만 보여'가 되고, 아이가 웃어주기만 해도 온 세상을 다 얻은 것 같다. 아이에게만 푹 빠지는 시기를 거쳐 본능적으로 프로그래밍된 진짜 부모자식의 사랑이 이어진다.

아무도 알려주지 않았다

우리는 아이만 보고 살 수 없다. 예전과 달리 경제적 이유나 자아실현을 위해 일하는 엄마들이 많아졌다. 아이를 전적으로 보는 전업주부의 삶을 인정해주는 분위기도 아니다. 어처구니없지만 '집에서 놀고 있다'는 말도 안 되는 이야기를 들으며 경력단절 여성이 되는 실상이다. 나는 전업주부와 워킹맘의 입장을 다 겪고 있는 프리랜서다. 그래서 고등학생이나 결혼 전의 여성들에게 직업을 선택할 때 결혼 후의 모습을 생각해보는 것이 필요하다고 꼭 당부한다. 출산 후에 전업주부를 원하는지, 일할 것인지, 일한다면 어떻게 아이를 맡기고 일할 환경을 찾을지 등도 먼저 생각해보라고. 인생이 계획대로 되진 않지만 먼저 경험해 보니, 조금이라도 혼란을 덜 겪었으면 하는 마음에 오지랖이 작동한다. 아이를 갖는 일은 축복이지만, 나 역시 그 후의 인생 계획이 필요하다는 건 생각도 못했기 때문이다.

대학원을 마치고, 자격증을 따고, 상담사로 일하면서, 전문가가 되기 위한 수련을 받고 있었다. 상담을 공부하면서 으레 거치는 과정으로 여졌는데 중단되고 말았다. 임신했을 때부터 옥시토신이 너무 강하게 분비되었는지 내 일은 언제든 다시 할 수 있으니까 당장은 아이를 키우는 게 더 중요하다고 생각했다. 아기를 누군가에게 맡기기도 쉽지 않았다. 마치 내가 당연히 해야 할 일을 미루고, 내 이익만 찾는 나쁜 엄마가 되는 것 같았다.

워킹맘인 친구는 회사에 다니며, 6살, 3살 아들을 키운다. 남편도 회사원인데 이직을 위한 시험 준비로 바빠 육아는 오롯이 친구의 몫이다. 아침 7시 반에 출근할 때, 돌봄 선생님께 어린이집 등원을 맡긴다. 하원 역시 선생님께서 해주신다. 친구는 저녁 8시에 집에 도착해 아이들과 만난다. 씻기고, 학습지를 봐주고, 책을 읽고 재우면 집안일, 음식 준비 등으로 12시나 되어야 잠든다고 한다.

엄마라는 이유로 치러야 하는 대가

프리랜서의 일에도 고충은 있다. 일에서 겪는 어려움이야 당연하지만, 일하기 전후의 상황이 더 골치 아프다. 아이들이 학교와 유치원에 있는 오전 시간대가 일하기에 최적이지만 오후에 진행될 때는 아이들을 맡기려고 동분서주한다. 지역 아이돌봄센터가 있지만 이미 장기적으로 일하는 분이 많고, 내가 원하는 시간대와 장소에 가능한 분을 찾기도 쉽지 않다. 시간조정이 가능한 남편이나 시어머니께서 가장 많이 돌봐주시지만 이마저도 어려울 때가 있다. 인터넷에서 베이비시터 구직 글이나, 대학생 돌봄 앱도 깔고 찾아보지만, 왜 찾을 때는 눈에 안 보이는지 발만 동동 구른다. 일이 끝나면 눈썹이 휘날리게 아이에게 달려간다. 아이를 찾아서 집에 돌아와야 긴장했던 몸이 한숨 돌린다.

첫째가 3살 겨울, 한창 신종플루가 유행이어서 바깥활동을 자제하던 때였다. 요즘에는 메르스 사태처럼 큰일을 여러 차례 겪다 보니 둔감해졌지만, 그때는 아이들도 사망할 수 있다는 사실에 불안감이 컸다. 첫째 때는 어린이집이 무상보육이 아니었고, 일주일에 하루, 그것도 오후만 일하느라 시간조정이 가능한 남편에게 부탁했다. 그러다 사정이 생겨서 급히 시어머님께 부탁을 드리게 됐다. 부랴부랴 아이 옷을 입히고, 버스로 이동해서 시어머님께 맡기고, 일을 다녀왔다. 그런데 저녁부터 아이가 몸이 처지더니 열이 났다. 신종플루가 아니었다면 집에서 열이 내리도록 하며 기다려 봤을 텐데 그 새벽에 당장 응급실로 달려갔다. 신종플루 검사를 받고, 결과가 나올 때까지 우선 타미플루를 먹이라고 처방받았다. 약이 강한지, 아이가 먹기 싫다고 발버둥 쳤지만 혹시나 하는 불안에, 억지로 다 먹였다. 아이도 제 컨디션을 찾고, 5일 치 약을 다 먹어갈 즈음, 음성반응이라고 문자가 왔다. 다행이다 싶으면서도 허무했다. 신종플루도 아니었는데 우격다짐으로 약을 먹이고선 죄책감이 들었다. 남편이 일하며 공부하던 때라 살림에 보탠다는 명목이 있었지만 그 몇 시간, 엄마란 사람이 나 좋자고 일하러 나갔다가 아이만 아프게 하고, 가족이지만 왜 매번 부탁 아닌 부탁을 하며 일해야 하나.

그런데 일할 때 내가 진짜 사는 것 같았다. 내성적이고, 사람들과 친해지려면 시간이 걸리는 편이라 첫째가 4살 때까지 동네에 왕래하는 엄마가 없었다. 눈 떠서 잘 때까지, 아니 잠들어서도 24시간 아이와 붙어 있었다. 눈에 넣어도 아프지 않을 아이와 함께하는 것도 좋지만, 가슴 뛰도록 설레는 일을 할 시간도 필요했다. 온전한 '박현순'의 이름으로 사는 시간이 절실했다. 그래서 일을 시작했는데 엄마라는 이유로 치러야 하는 대가가 참 컸다.

육아는 결정적인 사건

부모교육 서비스 기업 그로잉맘의 대표 이다랑씨의 인터뷰 기사 중, 공감되는 글이 있었다.

> "사람이 자신의 정체성이나 자존감을 확인할 수 있는 루트는 다양하다. 그런데 엄마라는 이름 하나만 가지고 살게 되는 순간 모든 공급이 끊긴다. 직업적 성취부터 경제적 주도권까지 전부 다 내 손을 떠나버리기 때문이다. 출산한 기혼 여성에게 경력 단절은 단순히 '돈 벌 데가 없다'는 걸 의미하는 게 아니다. 한 사람의 삶의 태도 전체를 바꿔버릴 만큼 결정적인 사건이다. 자신이 의미 없는 존재라고 아마 다들 한 번쯤은 느끼지 않을까."

문제는 대부분 이런 변화를 예상하지 못하고, 출산 후에 맞닥뜨리면서 혼란을 겪는 것이다. 엄마를 옆에서 보며 자랐지만 시대가 바뀌고, 부모에게 요구되는 것이 또 달라졌다. 기관 적응, 수면, 식사, 건강, 학습 등 아이가 하루가 다르게 성장하며 부딪히는 문제를 해결하고, 당장 코앞에 닥친 가사와 경제생활에 쫓기다 보면 정체성이나 자존감을 생각할 여유도 없어진다.

불필요한 간섭은 넣어두세요

얼마 전에 지하철을 탔는데 아주머니 두 분의 웃음소리와 함께, 아기 울음소리가 들렸다. 고개를 들어 소리의 정체를 확인하고는 솔직히 기가 막혔다. 아주머니 두 분이 옆에 앉은 젊은 엄마와 우는 아기를 보며 웃는 상황이었다. 아기한테 말을 걸고 웃어보라 했는데 아기가 우니 그 모습이 귀엽다고 깔깔깔 웃으시는 것이다. 아기 엄마는 이러지도 저러지도 못하며 당황한 표정으로 아기를 달랬다. 돌 안팎으로 보였는데 낯선 사람들이 갑자기 다가와 큰 소리로 이야기하니 놀랐던 모양이다. 그 무렵의 아기들은 낯가림이 심해지는데 어른들이 생각 없이 마음대로 다가가곤 한다. 나도 첫째 때는 경험이 없으니 아까 그 엄마처럼 쩔쩔매며 등 뒤로 식은땀만 흘렸다. 둘째 때는 아이의 상태를 이야기하며 대응하거나 자리를 피해버렸다. 우리 아이들도 낯가림이 심한 편이었다. 친척들을 만나서 아이가 뒤로 숨거나 인사를 하지 않으면 아이가 엄마랑만 붙어 있어서 그런 게 아니냐며 숫기가 없다고 에둘러 엄마에게 핀잔을 주셨다. 아이를 채 5분도 보지 않은 분들의 평가라 흘려들었지만 기분이 유쾌하지는 않았다.

남의 아이를 두고 쉽게 이야기하는 사람들

엄마들끼리 이야기를 나눌 때 불문율이 있다. 상대방의 아이를 함부로 평가하지 않는 것이다. 다른 인간관계에서도 그렇지 않은가. 문제가 있어 보여도 말을 꺼내기가 조심스럽다. 오해하거나 상처받지 않도록 신중히 전해야 한다. 이런 무언의 약속을 지키지 않는 사람과는 더 가까이하면 안 되겠다고 생각한다. 그런데 밖에 나가면 아이들과 그 엄마에 대해 쉽게 말하는 사람들을 본다. 특히 영유아 엄마들은 아직 육아를 제대로 모르는 사람, 도움이 필요한 사람으로 인식하는지 경계가 더 약하다. 엄마 혼자 있으면 거의 말을 걸지 않을 텐데 아이와 같이 있으면 훅훅 들어오신다.

얼마 전 인터넷 모임에서 24살의 젊은 엄마가 하소연하는 글을 보았다. 결혼하고 아이를 낳았는데 길을 지나갈 때 아이가 아이를 낳았다고 하거나 심지어 사고 쳐서 낳았냐고 물어봤단다. 그 자리에서 펑펑 울 뻔한 걸 간신히 참았는데 자신에 대한 오해보다도 나중에 아이가 상처받을까 봐 걱정된다고. 친구들과 공감대 형성도 안 되서 카페에 글이라도 올려 속상한 마음을 위로받고 싶었단다. 댓글에는 같은 상황이라 공감된다며 힘내라는 말들이 올라왔다.

상담실에서 가끔 발달장애를 겪고 있거나, 발달이 지체된 자녀의 엄마들을 만난다. 이때는 말을 더욱 조심스럽게 고른다. 용기 내서 오셨는데 여기서마저 상처받지 않도록 신중에 신중을 기한다. 보통 엄마들도 주위의 한마디가 가슴에 콕 박힐 때가 있는데 아이가 아픈 것뿐인데, 잘못도 아닌데 엄마와 아이를 바라보는 세상의 시선에 서럽고, 무서웠다는 말씀을 들었다. 특히, 아이가 다니는 기관에서 선생님이나 다른 부모가 무심코 한마디씩 던질 때 억장이 무너진다고. 몇 살인데 말이 느리냐는 말부터 아이 때문에 수업이 안 된다거나, 방해된다는 항의를 받기도 하고, 어떤 상황이든 아이 탓으로 돌리는 말들이었다. 따가운 시선에서 아이를 보호하기 위해 엄마는 더 강하고 아무렇지 않은 척하며 진한 외로움에 눈물마저 마른 것 같았다.

우리 둘째 아이는 돌이 되기 전까지 잔병치레를 많이 했다. 아토피인지 태열인지 얼굴에 붉은 반점이 오돌토돌 계속 올라와 만지기도 미안할 만큼 아파 보일 때도 있었다. 주변에서 좋다는 약을 바꿔가며 써도 잠시뿐이었다. 안 그래도 속상한 나를 더 우울하게 만든 것은 사람들이 스쳐가며 건네는 한마디였다. 아이를 안고 소아과나 약국에 들르면 옆에서 기다리던 친정엄마뻘 되는 아주머니나 나이가 지긋한 어르신들께서 한 번씩 말을 거신다.

"아기 얼굴이 왜 그래? 아기 옷을 좋은 거 입히고, 빨래를 잘 해야 돼. ○○세제가 좋아요. 엄마가 게으른가 보네."

"모유 먹이면 괜찮은데. 애기가 피부가 약한가 보다. 애기가 뱃속에 있을 때 엄마가 먹는 걸 잘 먹었어야지."

"아토피 같네. 애기가 고생하겠어. 너무 덥게 키웠나 보네. 애기는 시원하게 해놔야지. 아파서 어째."

아기가 몇 개월인지 묻는 것부터 시작해서 내내 걱정 반, 훈계 반 이야기를 늘어놓는다. 순해 보이는 인상에 듣는 일이 몸에 배어서인지 네, 네 하고 지나가지만 이런 상황이 계속되니 슬슬 화가 났다. 듣기 좋은 꽃노래도 삼 세 번인데 자꾸 들으니 사람들 마주치기도 싫고, 말 걸지 못하게 절대 주변에는 눈길을 주지 않게 됐다.

엄마에게 충분한 한 마디

그분들도 아이를 먼저 키운 선배로서, 젊은 엄마에게 도움을 주려는 마음이신 걸 안다. 나도 이제 아이들 조금 키웠다고, 영유아 엄마들을 보면 알려주고 싶고, 저걸 왜 모를까 하며 고개를 저을 때도 있으니 말이다. 하지만, 당장 눈에 보이는 것만으로 상대방을 모두 다 안다고 할 수는 없다. 그 사람이 어떤 과정으로 현재의 행동을 하는지 알려면 충분히 대화하고 이해하는 과정이 필요하다. 한번 보고 전체를 평가해버리는 말은 지나가는 말이라도 종이에 손가락을 벤 것처럼 은근히 신경 쓰이는 아픔이 된다. 아이가 아파서 누구보다 걱정하고 염려하며 마음 쓰는 엄마에게 전혀 친절하지 않은 관심인 것이다.

"아기랑 아기 엄마가 애쓰겠네. 아기 때는 이러다가 낫기도 하고, 좋아질 거예요. 힘내요."

이 말 한마디면 충분했을 텐데 어디서도 이런 말은 들어보지 못했다. 다행히 아이는 돌이 지나면서 피부가 안정되었지만, 이때의 경험으로 돌아보게 되었다. 우리 아이보다도 심한 아토피를 겪는 아이들, 그리고 그 엄마들에게 우리는 어떻게 했을까.

아이를 낳고 키우는 몇 년은 마치 외딴 섬이 된 듯, 세상과 떨어져 고

럽된 느낌이 들었다. 일을 그만두었거나 전업주부로 살면 더욱 그럴 것이다. 말도 안 통하고, 자기만의 세상에 살고 있는 아이들의 눈높이에 맞춰 지내야 하니 빠르게 변하는 사회에 뒤처질까 불안하다. 그래도 어떻게든 아기를 잘 키우려고 고군분투하는 엄마들에게 자신도 겪어봤으니 다 안다는 마음으로 쉽게 평가하고, 단정 짓는 말은 도움이 되지 않는다. 엄마도 처음이니까 서툴고, 시행착오를 겪는다. 여러 가지 힘든 상황에서도 한 생명을 키워내겠다고 노력하는 사람들이다. 아기 낳아 키우는 사람들에게 말로만 '애국자'라고 하지 말고, 위대한 일을 하는 사람으로 존중해주는 사회를 바라는 것은 무리일까?

뛰지 마, 조심해, 안 돼, 위험해!

90년대 후반만 해도 핸드폰은 재벌집이나 잘사는 집에서나 쓴다고 생각했다. 공중전화 박스 앞에 벌떼처럼 줄 서서 기다리게 만든 삐삐를 거쳐, 핸드폰이 일반화되고, 20여 년이 지나 지금은 초등학생도 스마트폰을 갖고 다니는 시대가 되었다. 대학교에서 인터넷을 하려고 줄 서서 기다리던 때도 있었는데 지금은 걸으면서 세상의 모든 소식과 정보를 보고 들을 수 있다. 세상은 편리해진 만큼 복잡해지기도 했다.

하지만, 아이들은 그런 사회에 적응되어 태어나지 않는다. 누구나 태어나서 환경에 적응한다지만, 아이들의 발달과정과는 맞지 않는 상황이 많다. 쌩쌩 달리는 차, 건물마다 설치된 엘리베이터 등 집 밖으로 나오는 순간 엄마들은 긴장한다. 대형마트에 가면 여기저기 돌아다니는 카트를 피해야 하고, 장난감 코너를 지날 때는 사달라며 울고 뒤로 넘어가는 아이를 달래야 한다. 아이들이 가는 곳마다 장난감이나 사탕 뽑기, 동전 넣으면 움직이는 자동차 같은 건 꼭 있다. 아이의 눈이 휘둥그레지며 하고 싶다는 욕구가 샘솟게 만든다. 원칙을 세워도 매 순간 닥치는 상황에서 현명하고 신속한 판단을 내리기가 어렵다. 4, 5살 아이들에게 무한 인내심을 키워주기엔 엄마도 혼란스럽다.

아이들과 도시문명의 어려운 공존

도시에서 흔한 주거 공간인 아파트, 빌라는 편리한 대신 층간소음 때문에 스트레스가 있으며 이는 곧잘 거주민 사이의 심각한 다툼으로 번지기도 한다. 다들 곤히 자는 한밤중에 아기가 깨어 큰소리로 울어대면, 우는 아기도 걱정스럽지만, 위아래층에서 시끄럽다고 할까 봐 마음 졸인다. 아기를 달랠 때 옆방에서 곤히 잠든 남편은 깨지 않는데 민감한 이웃의 심기를 건드릴까 걱정한다. 어떤 주민은 위층에서 아이가 뛰는 소리만 나도 천정을 쿵쿵 쳐대며 바로 경고를 날린다고 한다. 다행히 우리집은 아래층을 신경 쓰지 않아도 되는 환경이어서 아이들에게 뛰지 말라는 말은 별로 안 했는데 친구나 이웃집에 놀러갈 때가 문제였다. 아이들에게 뛰지 말고 살금살금 다니자고 일러두지만 잡기놀이라도 하면, 웃고 신이 나서 뛰어다니는 아이들을 매번 붙잡고 말하는 일도 고역이다.

몇 년 전, 아이들 모임에서 청춘열차를 타고 남이섬에 다녀왔다. 엠티하면 기차여행 떠올리는 것처럼 아이들과 추억을 만들자며 계획을 짜서 아침부터 부랴부랴 움직였다. 오랜만의 기차여행이라 엄마들도 들뜨지만 4세부터 8세 초등생들까지 8명이나 되는 아이들이 모여 있으니 긴장의 끈을 놓을 수 없었다. 날씨도 좋았고, 아이들도 신나게 놀았고, 기차도 탄 뿌듯한 하루였다. 다만, 돌아오는 기차 안에서 예상치 못한 실수가 있었다. 원 없이 놀고 싶지만 너무 늦지 않게 출발하느라 돌아오는 기차 시간이 퇴근시간과 겹쳤다. 기차 안이 한적하던 오전에는 아이들이 재잘거리는 소리가 문제될 것이 없었는데 사람들이 퇴근하는 무렵에는 피곤함에 지친 분들의 눈살을 찌푸리게 했다. 아이들 딴에는 조용히 하는데도 8명이 모여 있으니 서로 장난치거나 웃고 이야기하는 와중에 목소리 톤이 올라가서 자연히 시선이 집중될 수밖에 없었다. 어째 그렇게 체력이 넘치는지 오래 걸어서 힘들어하던 아이들은 기차를 타고 금세 충전이 되었다. 직장인들만큼이나 지친 엄마들도 "조용히 하자, 피곤해서 주무시는 분들이 많으니까 조용해야 해"라고 말하며 단속하려고 노력은 했지만 결국 한소리 들었다.

"아줌마, 애들 교육도 안 시키세요? 공공장소에서 조용히 시키셔야 하는 거 몰라요?"

젊은 여자분이 참다참다 말한 것 같았다. 요샛말로 내가 '맘충'이 된 것이다. 화끈거리는 얼굴로 죄송하다고 사과하고, 스마트폰을 켰다. 스마트폰 화면으로 아이들 입을 다물게 할 수밖에 없었다. 언제부턴가 스마트폰 없는 외출은 상상도 할 수 없게 되었다. 아이들은 쥐 죽은 듯이 조용해졌다. 진작에 이렇게 할 걸 후회했다. 내리면서 다시 한번 그 여자분께 사과했다. 한소리한 게 마음에 걸렸는지 그분도 아까보다는 표정이 누그러지며 미안해하는 얼굴이었다. 씁쓸했지만, 나도 저 입장이었을 때 어땠는지 기억이 났다.

'엄마들이 생각이 있는 거야, 없는 거야? 아이 하나 조용히 시키지 못하고, 사람들한테 피해를 줄까? 나는 저러지 말아야지.'

혀를 쯧쯧 차던 내가 비난의 대상이 되다니. 집으로 돌아오는 내내 엄마로 사는 길이 한참 넘어야 할 산처럼 아득해져 기운이 쭉 빠졌다.

부모도 대혼돈의 시대인걸요

어른뿐만 아니라 아이들과도 떼려야 뗄 수 없는 스마트폰. 나도 스마트폰을 절제하며 쓰기가 어려운데, 아이들을 믿고 스마트폰을 맡길 수 없다. 유괴, 납치, 성폭력 등 흉흉한 사건이 뉴스에 나올 때마다 아이들과 수시로 연락하려고 울며 겨자먹기식으로 사주기도 한다. 사주지 않고 버티더라도 아이들은 엄마, 아빠 손에 들려진 스마트폰을 어떻게든 얻어 보려 난리다. 아이들 손에 쥐어진 요물은 게임, 동영상 등으로 유혹한다. 스마트폰을 보며 길을 걷거나, 와이파이가 터지는 곳을 찾아서 삼삼오오 모여 게임하는 아이들을 쉽게 볼 수 있다. 상담실에 오는 대부분의 부모님은 집에서 스마트폰만 하는 아이들과 싸우기 바쁘다고 호소하신다. 아이들은 마음껏 하지 못하고 혼나거나 뺏기는 상황에 억울함이 쌓인다.

변화된 세상에 맞춰 엄마와 아이의 관계에도 새로운 국면이 펼쳐졌다. 육아의 큰 틀이 정해져 있다면 그때그때 벌어지는 상황마다 판단하고, 결정하기 쉬울 것이다. 우리가 과연 이 틀을 가졌는지 잘 모르겠다.

여기저기에 불안유발자

3월 중순 즈음, 유치원 6세 반 엄마들이 나누는 이야기를 들었다. 한 엄마가 아이를 좋은 초등학교에 보내려면 지금부터 주소를 옮겨놓아야 한다고 말했다. 사립 초등학교에 보낼 생각이지만 추첨에서 떨어질 수도 있으니 공립학교도 준비해 놓아야 한다는 것이다. 이렇게 주소를 속이고 들어오는 아이들이 많아서 교실이 부족하거나 일일이 주소지의 세대원을 조사하고, 집에 방문하여 실제 사는지 확인도 한다는 말을 들었다. 그래서 미리 옮겨야 의심을 안 받는다는 얘기였다. 여섯 살인데 벌써 초등학교 걱정을 하다니 유난이구나 싶었는데 사실 나도 그랬다. 첫째가 유치원 다닐 때부터 초등학교는 어디로 보내나 늘 걱정했다. 아이가 초등학교 4학년쯤 되어서야 닥치면 닥치는 대로 해결되는구나 하고 생각하게 되었지만 입학 전까지는 엄마들과 만나서 걱정을 나눴다. 빨리 준비하라거나, 아직도 안 하고 뭐 했냐, 어디는 어떻다더라 같은 옆집 엄마 이야기를 들으면 불안감은 더욱 커졌다.

내 아이만 뒤처질까 봐 불안해서

학교 선택 문제만이 아니다. 7살쯤에는 한글이 불안유발자가 된다. 한글을 일찍 떼어서 혼자서 책도 읽고, 편지도 쓰는 아이들이 있는가 하면, 아직 글자를 못 읽는 아이들도 있다. 5살부터 읽고 쓰기를 하는 아이도 있으니 7살 된 아이가 글자를 못 읽으면 애가 탄다. 심지어 받아쓰기를 보는 유치원이나 어린이집도 있다. 발레학원에서 아이를 기다리는 동안 옆의 엄마와 이야기를 나눴는데 아이 가방에서 깍두기 공책이 나와서 깜짝 놀랐다. 글씨도 정자체로 딱딱 떨어지는 모양이었다. 그 엄마는 별것 아니란 듯이 6살 때부터 깍두기 공책에 글자 쓰기를 연습하고, 유치원에서 매주 받아쓰기를 보면서 점수를 맞아온다고 말했다. 다들 이러지 않느냐는 표정이었다. 엄마가 애써 가르치지 않아도 간판이나 책을 보며 혼자 한글을 터득하는 아이들도 있었다. 우스갯소리로 효녀라며 기특해했지만 어떤 방식이든 교육은 아이에게 적당한 때가 있고, 자연스럽게 이루어져야 한다고 생각하고 신념을 정했다. 솔직히 보이고 들리는 다른 집 상황에 부러울 때도 있고, 가벼이 넘겨지지 않을 때도 있고 내가 틀린 건가 싶을 때도 있다.

초등학교 저학년까지도 이런데 그 이후는 어떨지 뻔하다. 2년 전쯤, 한 TV 프로그램에서 11살 여학생이 엄마에게 학원을 줄여달라고 하는 내용을 본 적이 있다. 요일별로 11개의 학원에 다니고, 숙제까지 마치면 자정이 되니 너무 피곤하다는 하소연이었다. 영어, 수학은 기본이고 태권도, 역사, 정치, 경제 과목까지 다닌다고 했다. 엄마는 이것도 많은 편이 아니라고, 수학만 해도 연산, 선행학습, 창의 수학 등으로 세 개를 다니는 추세라며 한 군데를 더 보내고 싶어 했다. 아이는 학원에서 열심히 배워 실력이 향상되는 것도 좋지만, 생일파티도 못 할 만큼 시간 여유가 없는 현실에 한숨을 내쉬었다. 우리 학생들은 누구와 경쟁하고 있는 걸까, 누구를 위해 공부하는 걸까.

우리는 서로 총을 겨누고 있는 게 아닐까

아이 손을 잡고 길을 걷다 보면 한 손에 풍선을 들고 있는 이들에게서 전단지를 받곤 한다. 거의 학습지, 출판사에서 홍보하러 나온 사람들이다. "어머니, 애기가 몇 살이에요? 학습능력 진단만 받고 가세요"라며 우리를 붙잡는다. 이제는 고개를 숙이고, 쓱 지나쳐가지만 예전에는 거절을 잘 못해 앉아서 들은 적이 몇 번 있다. 학습 발달사항을 이야기하며 발달검사도 무료로 해주고, 우리 아이에게 필요한 플랜과 방법도 친절하게 설명해주고 풍선과 지도 등 선물까지 챙겨준다. 그 친절함에 감동해 학습지를 시킬 뻔했지만 영 내키지 않았다. 나라에서도 세심하게 신경 써주지 못하는 아이의 발달교육과 미래를 걱정해주는 분들이지만 과연 믿을 만할까?

10년, 20년 후면 인공지능이라는 핵심기술로 4차 산업혁명 시대가 온다. 우리 사회는 벌써 자동화되어 이미 편리해졌다. 그 대신에 인공지능에 밀려 회계사, 의사, 금융업/보험, 운전업, 영업직 등 거의 모든 분야에 걸쳐 일자리가 사라지리라 예측한다. 미래학자들은 지금까지의 입시위주 교육과는 다른 교육 패러다임이 필요하다고 주장한다. 인공지능이 대신할 수 없는 창의적이고, 감성적인 방식과 협업으로 미래를 개척해야 한다고 말이다. 그런데 우리는 아직도 자신만 앞서가기 위해 서로에게 총을 겨누며 불안해한다. 영아 때는 유아기를, 유치원에 들어가서는 초등학교를 준비한다. 아이가 대학교에 들어갈 때까지 쭉 계획을 짜 놓았다는 엄마들도 있다. 한글을 못 떼면 어쩌나, 수포자가 많다는데 수학은 어쩌나, 영어는 또 어떡하지 한다. 아이들도 선행을 해놓지 않으면 뒤처진다며 불안해한다. 배우지 않은 것은 겁부터 낸다. 스스로 알아갈 수 있는 아이들이 자기 힘을 잃고 있다.

엄마들도 늘 불안해 보인다. 엄마로서 자신이 지닌 힘을 믿지 못한다. 자꾸 옆집 엄마 말에, 전문가들 한마디에, 영업사원의 친절과 관심에 빠진다. 열심히 하지만 그 끝이 무엇인지도 모른 채 아이와 엄마가 실험당하는 듯하다.

카.페.인 속 육아 vs.
현실 육아

'카.페.인 중독, 우울증'이라는 기사를 보았다. 커피의 카페인 중독이 아니라 카톡, 페이스북, 인스타그램 등 사회관계망서비스(SNS)로 인한 현상을 말한다. 스마트폰이 필수품처럼 되면서 문자나 전화보다도 SNS에 실시간으로 내 근황을 알리고, 지인들의 생활을 확인한다. 음식점에 가든 여행을 가든 모든 일상에서 사진을 찍어 간단한 글과 함께 올리면 연결된 사람들은 바로 볼 수 있다. 육아에서도 빼놓을 수 없는 생활이다. 학교 반 모임이나 유치원 모임, 동아리 형식의 모임에서 엄마들이 동시에 모이기 어렵기 때문에 온라인으로 이야기를 나누는 경우가 많다. 약속을 잡거나 상의할 일이 있으면 투표로 정하고, 아이들의 일상 모습을 올리고, 고민이 있거나 도움이 필요할 때도 중요한 소통창구가 된다. 좋은 물건을 싸게 파는 곳이나 건강, 체험, 공연 등 아이들에게 유익한 정보도 활발하게 공유되어 애써 검색할 필요가 없다. 하지만 여러 명이 함께 이용하다 보면 한마디씩만 해도 금세 댓글이 100개 가까이 달리고,

계정을 삭제하거나 탈퇴하고 싶어도 나만 모르는 정보가 있을까 봐 불안해진다.

카.페.인. 육아도 힘이 된다

아이를 키우면서 인터넷에 올리는 엄마들의 글에 도움을 많이 받았다. 첫째가 아기였을 무렵엔 스마트폰이 나오지 않아서 아이가 곤히 잠든 밤에나 컴퓨터를 켜곤 했다. 아기를 놓고 밖에 나갈 수도 없고, 일하고 돌아온 남편은 피곤해서 곯아떨어지고, 나 혼자 조용히 외로움을 달래는 시간이었다. 비슷한 처지에서 아이 키우느라 힘들다는 글을 보면 공감의 눈물을 흘렸다. 센스 있는 엄마들이 아이들 키우는 모습을 사진이나 동영상으로 올려주면 육아서와는 다른 눈높이 교육이 되기도 했다. 새로 나온 육아용품의 사용 후기와 구입처, 가격까지 친절하게 공개하거나 아이에게 반응이 좋았던 책과 연극, 뮤지컬 등 공연에다 놀러 가면 좋은 곳까지 상세하게 추천한 글도 올라왔다.

일찍 결혼한 편은 아닌데 비슷한 시기에 아이를 낳은 친구가 없어서 터놓고 이야기 나눌 사람이 별로 없었다. 그런 나에게 인터넷에서 만난 '○○맘'들이 숨통을 터주었다. 육아에 지치면 엄마들 온라인 모임 공간에 글을 올리며 스트레스를 해소했다. 황금돼지띠 아기 엄마의 모임도 있어서 비슷한 고민을 나누며 답글로 위로하고 조언하기도 했다. 가격이 부담돼서 못 산 워너비 물품을 싸게 공구한다는 글이라도 뜨는 날에는 날짜를 체크해두었다가 시간 맞춰서 한정 수량에 도전하기도 했다.

득이 독이 되지 않도록

카.페.인.이 늘 좋은 친구가 된 것은 아니다. 아이들을 데리고 해외여행 가서 느긋하게 즐기고 오는 모습, 딱 봐도 비싸 보이는 브랜드 옷을 평상복처럼 입은 아이들, 좋은 재료로 음식을 정성스럽게 만들고, 먹방처럼 맛있게 먹는 아이들의 모습을 보면 두 가지 마음이 든다. '부럽다'와 '나는 저렇게 못 하는데'이다. 나는 아이들 챙기며 요리하기가 어렵다. 요리할 때 아이들이 조용히 시간을 보내주지 않는다. 싸우고, 울고, 뭐 해달라, 찾아달라 주문사항이 많아서 정신이 하나도 없다. 인터넷 속의 엄마들은 여유 있게 휘리릭 만들어내어 예쁜 접시에 장식까지 한다. 잡지 화보처럼 아늑해 보이고, 딴 세상처럼 느껴진다. 사실 보는 사람이야 편하게 보지만 사진을 찍어 준비하고, 글로 정리하기까지 얼마나 노력이 필요할지 짐작은 간다. 사진과 글까지 정성을 들이고, 공을 들여 멋지게 정리해준 덕에 귀한 정보를 얻지만 끄고 나면 우울해진다. 인터넷 속의 엄마들처럼 해야 멋지고, 좋은 엄마인 것 같아서. 그 글에 달리는 '좋아요' 표시와 환호의 답글이 그 사람을 평가해주기라도 하듯이 말이다. 나는 그렇지 못한 엄마처럼 한없이 작아진다.

지난해 12월 덴마크 코펜하겐대학의 트롬홀트 교수팀은 페이스북 친구가 350명 이상인 1,095명을 대상으로 페이스북 중단 실험을 했다. 일주일 이상 페이스북을 사용하지 못하게 한 뒤 그들의 행복지수를 매겼다. 중단한 이들은 10점 만점에 평균 8.11점, 계속 사용한 이들은 7.74점을 부여했다. 트롬홀트 교수는 "습관적으로 남에 대한 정보를 알고 싶어하고 연락을 주고받는 것은 우리에게 악영향을 주고 있다"고 결론을 내렸다. 덕성여대 심리학과 최승원 교수는 "현실의 자기와 이상적인 자기의 차이가 적을수록 행복도가 크다. SNS상에서는 서로 이상적인 모습만 보여주고, 그 비교대상은 '현실의 자기'이다 보니 박탈감을 크게 느끼는 것"이라며 "현실 속 자신과 이상적 자신의 괴리가 클수록 SNS에 중독되고 집착하는 경향이 크다"고 설명했다.

함부로 찍지 마세요, 저도 초상권이 있거든요

며칠 전에 첫째가 아파서 아기 때부터 지금까지 다니고 있는 동네 소아과에 들렀다. 원장님 진료실 방문에 붙어있는 문구가 눈에 들어왔다.

'진료하는 동안 사진, 동영상 촬영은 금지합니다.'

낯선 문구에다 진료실에서 사진을 찍을 일이 있나 의아해서 간호사 선생님께 여쭤보았다. 요즘 진료를 받거나 예방접종 주사 맞을 때 동영상을 많이 찍는다는 대답을 듣고 황당했다. 긴장된 마음으로 선생님의 말씀을 기다리고, 주사 맞을 때도 아이가 기겁하니 안정시키느라 바쁘지 않나? 겁 많은 아이들 달래기 바빴던 나로선 진료실에서 동영상을 찍는 모습은 상상이 잘 안 되었다. 그런데 인터넷에 검색해보니 주사 맞는 사진들이 많이 있었다. 아이들이 우는 모습, V자를 그리며 환하게 웃는 씩씩한 모습 등 진료실에 그런 문구를 붙일 만큼 병원에서 촬영하는 부모님이 늘어난 모양이다.

2016년 오스트리아에서 자신의 어린 시절 사진을 SNS에 끊임없이 올린 부모를 10대가 된 딸이 고소한 사건이 발생했다. 그 부모는 어린 딸의 알몸, 배변 훈련, 온갖 실수를 담은 사진을 올렸고, 딸이 부모에게 자신의 과거 사진을 지워달라고 수차례 요청했지만 거절당했다며 부모를 고소한 것이다. 프랑스에서는 부모들이 자녀 사진을 동의 없이 올리면 최대 1년까지 징역형과 벌금까지 물게 된다. 표적 범죄의 대상이 될 수도 있다는 이유에서다. 아이들에게도 초상권이 있다는 사실을 우리는 간과하고 있다. 우리는 아이들과 진짜로 소통하고 있을까? 주사 맞기 전에 두려워서 긴장하거나 우는 아이를 위로해주고, 지지해주는 엄마의 눈을 직사각형 네모가 가로막고 있진 않은가?

담임 선생님한테 전화가 오면 심장이 쿵

연초가 되면 초등학교 입학하는 자녀를 둔 엄마들의 고민이 시작된다. 우리집 첫째는 초등학교 입학이라는 관문을 넘겼고, 둘째는 올해 신입생이 되었다. 그래도 두 번째라 느긋한 마음이었지만, 막상 입학 후에는 다시 불안한 엄마가 되지 않을까 싶다. 다닐 학교의 특성은 어떤지, 동네 엄마들의 평은 어떤지도 알아보며 준비물 챙기듯 마음을 다잡았다. 특히 남자아이의 엄마들은 아이가 수업시간에 돌아다니거나 떠들지 않고 잘 앉아있을까, 선생님께 혼나지는 않을까 걱정스럽다. 실제로 남학생의 학부모는 담임 선생님의 전화를 한두 번은 받는다고 한다. 담임 선생님 번호로 연락이 오면 심장이 쿵 내려앉으면서 무슨 일일까 긴장한다는 말도 들었다. 드디어 3월 입학식 날, 단정하게 옷을 챙겨 입히고, 강당에서 자기 반의 대열에 서 있는 아이를 보며 엄마는 눈물이 난다. 그 작디작던 아기가 훌쩍 커서 저기 서 있구나, 벌써 내 품을 조금씩 떠나가는구나 싶어 만감이 교차한다. 뿌듯하고, 기특하고, 아쉽고, 안쓰럽고 왠지 미안한 마음이 스친다. 하지만 이날의 감동을 뒤로하고, 다음날부터는 바로 전쟁이다.

국·영·수보다 어려운 사회성

하루 이틀 다녀와서 학교 가기 싫다, 수업 시간에 앉아 있기 힘들다, 급식 억지로 먹기 싫다, 선생님이 무섭다 등의 반응이 들려온다. 아이들은 새로운 환경에 적응하며 긴장해서인지 집에 와서 온갖 짜증을 내고, 응석을 부린다. 첫째가 1학년일 때, 하교 시간에 선생님과 웃으며 뛰어오다가도 나를 보자마자 짜증 내며, 울고불고 난리를 쳐서 놀란 적이 몇 번 있다. 무방비 상태에서 아이의 폭발하는 감정에 휘몰아치며 부딪치면 서로의 마음에 상처만 남긴다. 각자 처음 겪는 과정에 익숙해지기까지 시간이 필요한 것이다. 학교생활 적응이나 공부를 넘어선 문제도 발생한다. 부모들의 큰 고민 중 하나가 아이들의 사회성 문제다. 우리 아이가 반에서 친구들과 어울리지 못하고, 따돌림을 당하지는 않을까 걱정이 된다. 따돌림을 당한다고 해도 어떻게 도와주어야 할지 몰라 속만 태우기도 한다.

초등학교 1학년뿐만이 아니다. 새로운 학년이 되면 담임 선생님이 누가 될지 가슴 졸인다. 좋은 선생님을 만나면 로또 맞았다고까지 표현한다. 또, 같은 반 학생 가운데 1년을 함께 보낼 친구들을 재빠르게 만들어야 하는 시기이기도 하다. 초기에 친구집단을 만들지 못하면 한 학년 내내 친구들 사이에 끼지 못하고 겉돌까 봐 불안해진다. 여성가족부가 2016년 청소년 상담실적을 분석한 결과, 새 학기가 시작되는 3월의 상담 건수가 2월보다 40%나 급증한 것으로 나타났다. 상담 내용은 주로 신학기 부적응과 친구 관계, 따돌림 문제, 교사와의 관계 등이었다. 내가 일하는 상담센터에도 3월 말이나 4월 초 학교 상담이 진행된 후, 상담 건수가 눈에 띄게 증가했다. 학교에서 아이에 대한 담임 선생님의 평가를 듣고, 상담을 권유받거나 아이에게 문제가 있는지 불안해서 확인하고 싶어 방문하는 경우다.

엄마 아빠도 적응기가 필요해

신학기에는 엄마들도 정신이 없다. 학교에서 총회가 끝나면 반 대표가 정해지고 엄마들 모임이 시작된다. 카톡방에 불이 나고 3, 4월이면 여기저기서 10여 명이 넘는 엄마들이 카페에 모여 있는 모습을 본다. 특히 신입생의 어머니는 대다수가 나온다. 일하는 엄마들은 반차라도 내서 어떻게든 참석하려고 애쓴다. 고학년으로 갈수록 참여도는 낮아지지만 학교 분위기에 따라 중·고등학생이 돼도 엄마들이 모여 교류하기도 한다. 반모임을 하는 이유도 다양하다. 국민일보 기사(2017.4.14일자)에 따르면 자녀가 초등학교 저학년일 때는 친구를 사귀기 위해, 고학년부터는 학원 정보를 얻기 위해 반모임에 참여한다고 한다. 6학년이 되면 중학교 입학 대비, 중학교 2~3학년 때는 사춘기 자녀의 친구관계 관리·감독, 고등학교는 입시정보 공유가 목적이다. 아이들을 위한 모임이어도 인간관계가 형성되므로 엄마들 역시 스트레스를 받는다. 혹여나 말실수로 다른 엄마들과 관계가 나빠지면 아이가 소외되지 않을까 걱정하는 것이다. 지나치게 나서거나 자기 생활에 방해될 만큼 몰입해도 안 되고, 너무 거리를 둬도 눈총을 받을 수 있다는 말에 웃어야 할지, 울어야 할지 씁쓸해진다.

아이들이 학교에서 문제없이 자라주면 더없이 고마운 시대가 되었다. 대한민국에서 12년간 학부모로 살아간다는 것은 이렇다. 아이들은 입시 경쟁에 치여 학업성취에, 스펙을 쌓기 위해 각종 대회며, 예체능까지 일주일을 눈코 뜰 새 없이 보낸다. 몇 년마다 바뀌는 대학입시 제도에 촉각을 곤두세우고, 대학만 가면, 취업만 하면, 여유가 생기면 그때 가서 해도 늦지 않다며 미루는 게 너무 많다. 부모도 아이도 전쟁 치르듯 살아가고, 가족이 서로 소통하지 못한다. 생김새만큼 다양한 개성을 가진 아이들이 사회가 정해 놓은 하나의 정답에 맞춰 상위 1%에 들고자 경쟁한다. 나머지 99%는 패배자로 만들어버리는 어처구니없는 상황이 우리 주변에서는 당연하게 벌어진다. 초등학교에서 고등학교까지 아이들은 학교라는 정글 속에서 상처를 주고받으며 피해자, 가해자가 되고 문제아로 낙인찍히는 일도 증가하고 있다. 아이들이 가장 행복해야 할 시간 아닌가. 우리 한 번쯤 잠시만 쉬어보자. 지금 가는 길이 어디인지 잠시만 멈춰보자.

내면의 나를 알아차리고 만나는 시간입니다. 읽으면서 떠오른 자신의 모습을 글이나 그림으로 돌아보는 시간을 가져보세요. 작성한 다음에는 따듯하게 바라보면서 자신과 이야기 나누는 시간이 필요합니다.

나무 그림 그리기는 사람의 무의식을 편하게 드러내는 작업입니다. 나의 현재 욕구나 기분, 컨디션 등을 손쉽게 알아차릴 수 있습니다.

나무 그림 그리기

먼저, 의자에 앉아 편안하게 몸을 풀어봅니다. 어깨도 움직여보고, 머리도 왼쪽, 오른쪽으로 천천히 돌립니다. 팔, 다리, 손가락, 발가락까지 힘을 빼며 몸을 편안하게 이완합니다. 내 몸에 긴장된 곳이 있는지 찾아봅니다. 나도 모르게 힘을 주고 있다면 알아차려 봅니다. 억지로 풀어주려 하지 않아도 됩니다. 지금 있는 그대로 알아차립니다. 이제, 호흡에 집중합니다. 내 몸 안으로 숨이 들어가고, 나가는 것을 알아차려 봅니다. 숨을 크게 들이마시고, 천천히 숨을 내쉽니다. 다시 한번, 숨을 크게 들이마시고, 천천히 숨을 내쉽니다. 숨이 들어가고 나가는 것을 알아차리며, 나는 지금 여기에 온전히 존재합니다.

이제 환상의 세계로 떠나겠습니다. 나는 혼자 걷고 있습니다. 잠시 후, 내 눈앞에 나무 한 그루가 보입니다. 주변을 넓게 둘러보며 그 나무가 어디에 있는지, 어떤 날씨인지 알아차려 보세요. 나무의 크기는 어떤지, 얼마나 두꺼운지, 가지와 잎은 어떻게 생겼는지도 살핍니다. 나는 그 나무 곁에서 어떻게 하고 있나요? 그 나무를 보며, 나의 기분이 어떻게 되었는지도 알아차려 보세요. 이제 잠시 눈을 감고, 1분 정도 이 장면을 만나겠습니다. 눈을 뜨고, 나무를 그림 또는 글로 표현해보세요.

그림 또는 글로 표현해 보세요.

분노조절, 실패와 좌절의 육아

2

[알아차림과 접촉]

알아차림(awareness)은 우리가 욕구나 감정을 지각한 다음 게슈탈트로 형성하여 관심의 초점으로 떠올리는 행위입니다. 우리의 마음속에서 물방울처럼 떠오른 게슈탈트를 선명하게 알아차리는 것이죠. 누구나 자연적으로 갖춘 능력이지만, 상황이나 환경에 따라 알아차림이 차단되고, 게슈탈트 형성에 실패할 때가 생겨요. 눈앞에 일어나는 현상들, 즉 보이는 것, 냄새 맡는 것, 들리는 것들부터 상대방과 나의 관계에서 일어나는 현상을 생각해보는 것도 알아차림입니다.

접촉은 알아차림으로 떠오른 게슈탈트를 해소하기 위해 환경과 상호작용하는 행위입니다. 에너지를 동원하여 실제 행동을 하며, 게슈탈트를 해소하게 되지요. 예를 들어, 휴식이 필요함을 알아차렸다면, 잠시라도 눈을 붙이고 쉴 시간을 가짐으로써 올라온 욕구를 해소할 수 있습니다.

나 역시 엄마로 사는 게 쉽지 않았다. 심리상담 일을 한다고 밝히면 사람들은 아이를 잘 키울 것 같다고 말한다. 상담받으러 오는 어머니들도 오해하신다. 온화한 인상과 부드러운 말투로 아이들의 심정을 잘 이해하고, 공감해주는 사람이 자기 아이에게는 오죽할까 하시면서. 나도 그렇게 착각하며 살았다. 그 착각이 깨지고, 나란 사람의 실체를 낱낱이 보기까지 오래 걸리지 않았다. 십 년을 엄마로 살면서 감정의 밑바닥까지 훑고 오는 날이 적지 않았다. 만만하게 보고 시작한 육아는 인생의 최대 도전과제가 되었다.

출산 전까지 까맣게 몰랐던 육아 전쟁의 서막

20대 중반, 상담사로서 먼저 아이들을 만났다. 내가 만난 아이들은 주로 산만하거나, 유치원과 학교 등의 기관에서 적응하지 못하고, 또래관계에서 어려움을 겪고 있었다. 아이들과 40분가량 상담하고, 어머니 상담을 10분 진행한다. 어머니 상담 시간은 매우 중요하다. 누구보다 긴 시간을 아이와 함께 하는 분이기 때문에 상담과정을 설명해주고, 가정에서도 상담적 개입이 이루어지도록 알려드린다. 패기 넘치고, 의욕이 앞선 젊은 상담사였던 나는 걱정하는 어머니들에게 이론에 입각하여 따박따박 말씀드렸다.

"어머니, 화가 나는 대로 혼을 내시거나, 때리시면 아이도 그 행동을 따라서 하게 됩니다. 어머니께서 참고 노력하셔야 아이가 자신감을 갖고 행동이 달라질 수 있습니다."

세상에서 가장 사랑하는 아이일 텐데 뭐가 그리 어려울까. 솔직히 어머니들을 이해할 수 없었다. 집에서 게임만 하며 돈을 벌어오지 않는 남편, 지병으로 경제적 어려움을 겪는 어머니들의 사정에도 삶의 무게를 공감하지 못했다. '그래도, 작은 아이 한 명을 조금만 더 힘을 내서 보살피면 될 텐데' 하며 안타까움과 함께 움직이도록 재촉하며 상담을 마쳤다. 어머니 상담 시간이 짧기도 하고, 뒤에 대기하는 아이가 있으면 마음이 급해져서 더 정성을 기울이지 못했다. 아이들이 힘들어하는 것도 다 부모의 탓이고, 자신은 바꾸지 않으면서 아이만 혼내는 부모를 주제넘게 혼내고 있었는지도 모르겠다. '내가 나중에 아이를 낳으면 절대 저러지 말아야지, 누구보다 잘 키워야지.' 십 년이 훌쩍 지난 지금 보면 정말 웃기지도 않는 생각을 했다.

상담사는 전문가 자격을 얻으려면 3년 이상 수련을 받아야 한다. 상담 전문가 꿈을 이루기 위해 수련을 받던 중에 결혼하고, 임신했다. 입덧이 심했고, 수련기관에서 내담자에게 위협을 받는 일이 생겨 중도에 포기했다. 수련은 다음에도 받을 수 있으니 뱃속에서 자라는 아이가 먼저였다. 6개월 차가 되면서 신기하게 입덧이 사라져 태교와 출산에만 집중했다. 양가의 관심과 배려 속에 최대한 안정을 취하고, 행복하게 지내려고 노력했다. 모두 아이를 위한 일이었다. 건강하게 자라주는 아이가 고마울 뿐이었다. 100일 동안 하루도 빠짐없이 일기를 써서 올리면 무료로 출판해주는 인터넷 사이트에서 2번이나 성공할 만큼 내 눈앞에 보이지도 않는 아이에게 매일 편지를 썼다. 인생에서 가장 자신감 있게 즐긴 시간이었다. 어쩌면 내가 가장 잘 할 수 있는 일이고, 나의 숨겨진 원석이 발견되는 일이었다. 나를 향해 다시 찬란히 빛날 기회를 주듯, 새로운 세상이 열리는구나 싶었다.

나란 존재는 뒤로 밀렸다

출산이 임박하자 긴장되었다. 죽을 듯이 아팠다가 멀쩡해졌다가 출산의 시간이 다가왔다. 요가 선생님이 명상할 때마다 말하던 온몸이 다 부서지는 듯한 고통을 겪으며 아기를 만났다. 내 뱃속에서 꼬물대던 아기가 가슴에 안겨졌을 때야 실감이 났다. 긴장이 풀리고, 이제 고통의 시간은 끝났구나 하는 안도감에 울음이 터져 나왔다. 불룩하게 나왔던 배도 들어갈 거고, 예쁜 아기도 있으니 행복한 삶이 펼쳐질 것만 같았다. 옆에서 손을 꼭 잡고 나와 심호흡을 함께 해주는 남편까지 있으니 더 바랄 게 없는 순간이었다. 인생은 순조롭게 행복을 내주지 않는다는 사실을 잠시 잊고 있었다.

이틀 후, 병원에서 퇴원하고 산후조리원에서부터 전쟁이 시작되었다. 아이 낳느라 고생했으니 편하게 맛있는 밥 먹으면서, 마사지도 받고, 느긋하게 쉴 수 있을 줄 알았다. 출산 후에 내게 어떤 일이 생길지 아무도 알려주지 않았다. 이런 글은 인터넷 카페에서조차 보지 못했다. 조리원에서는 모유수유와 한판 전쟁이었다. 아기에게 모유만 먹이겠다며 완모 선언을 했다. 그게 좋은 줄 알았다. 아직 젖을 잘 물지 못하는 아기가 편하게 먹도록 이 방법, 저 방법 연구하며 2시간에 한 번씩 수유했다. 인터폰이 울리면 아기가 울까 싶어 밤에도 자다 말고 얼른 달려갔다. 처음이라 유두가 다 헤졌는데 유축기로 모유를 짜 놓고 약 발라가며 정신없이 2주를 보냈다. 조리원에서 배워온 것이라곤 아기를 씻기는 방법만 기억난다. 그것도 눈으로만 배웠기 때문에 자신 없었다.

조리원과 친정을 거쳐 집으로 돌아와 나와 동갑내기 남편이 오롯이 아기를 보게 되었다. 잘 모르는 것투성이고, 조금만 아파도 큰일이 난 듯 불안해서 인터넷을 뒤지고, 긴장의 끈을 놓지 않았다. 한겨울이어서 잠시 밖에 나갔다 왔는데도 감기에 걸려 아차 했다. 풀메이크업은 아니어도 민낯으로 집 앞 슈퍼도 나가지 않던 내가 화장은커녕 세수도 안 하고 밖에 나갔다. 머리도 늘 질끈 뒤로 묶고, 언제 감았나 싶을 때도 많았다. 아이 말고는 아무것도 눈에 들어오지 않았다. 삶에 대한 회의 대신에 새로운 목표가 생긴 것이다. 아이를 잘 키우기 위해 내가 할 일을 열심히 찾았다.

아이만 잘 큰다면 다 괜찮았다

50일쯤 되었다. 목을 가누고, 눈을 맞추고, 환히 웃기도 하고, 발을 들어 올려 뒤집기도 하고, 혼자 의자에 걸터앉아있을 만큼 아기가 자라는 게 신기했다. 한 가지씩 해내는 모습을 보며 우리 집 아이만 이리 크는 듯 세상 부러울 게 없었다. 한겨울에 태어나 내내 집에서 칩거하다가 봄이 되자 100일 된 아기를 데리고 집 근처 대형마트의 문화센터로 갔다. 지금이야 문화센터 수업이 다양하지만 십여 년 전에는 막 시작하는 단계여서 아기들이 수업받는 일 자체를 안 좋게 보는 사람들이 많았다. 그 어린 아기가 거기서 뭘 배우냐고 어른들께 한 소리 들었지만, 아는 사람도 없이 심심하니 나도 사회생활 좀 하자는 명목을 대며 수업을 다녔다. 사실 아기를 누구보다도 똑똑하게 키우고 싶었던 욕심도 숨어 있었다.

열심히 눈 맞추며 웃어주고, 아이의 눈에 보이는 상황을 뽀미언니처럼 과장되고, 활기차게 이야기해주고, 오로지 아이의 반응 하나하나에

초점을 맞췄다. 문화센터에 가면 비슷한 또래 아기의 엄마들끼리 이야기를 나누게 된다. 돌쯤 되니 걷는 아이와 못 걷는 아이로 나뉘면서 10개월 만에 걸은 우리 아기는 부러움을 사기도 했다. 얼마 후면 다 걷게 될 텐데 그때는 그 엄마들 틈에서 뿌듯해했다. 꼭 내가 아이 발달에 신경 쓰고 잘 해줘서 얻은 결과 같았다. 15개월에 '할아버지'를 정확히 발음해 언어 발달이 빠르다는 얘길 들으면 역시 애쓴 보람이 있다고 생각하며 탄탄대로를 달리는 듯했다. 내 옷은 이미 유행이 다 지난 것만 있고, 머리는 관리하지 못해 길어진 채였지만 참 행복했다. 내가 노력하는 대로 아이가 잘 자라주어서였을 것이다. '지금은 고생이지만 아이를 잘 키워 낼 수 있을 거야' 하며 수고를 아끼지 않았다. 이때까지만 해도 내 앞날이 어떻게 펼쳐질지 몰랐다.

육아서 대홍수 속 가뭄

아이들을 키우면서 고3 때보다 책을 열심히 읽었다. 주로 육아서였는데 다행히 내 일과도 관련이 되어 학생모드로 공부하는 셈 치고 읽었다. 당장 갓난아기 때부터 아이를 어떻게 키우는지 보고 들은 바가 없기에 대비가 필요했다. 학교에서 한 번이라도 출산과 육아에 대해 배워본 적이 없고, 주변에 어린아이를 키우는 언니나 이웃도 없었다. 내 생애 첫 육아다. 이 길은 힘들다고 포기할 수도 없고, 그만둘 수도 없다. 내 아이이기 이전에 한 사람이며, 한 사람 인생의 전반이 걸린 문제이기 때문이다.

발달심리학에서는 36개월 이전까지의 경험을 삶의 뿌리라고 할 정도로 중요하게 여긴다. 어린 시절과 성장기를 거쳐 내가 사랑받고 자랐다는 믿음을 별로 갖지 못했기 때문에 이런 모습이 아이에게 영향을 미칠까 봐 두려웠다. 사랑받고 자신 있는 엄마라면 이렇게까지 집착하진 않을 것 같다.

엄마가 행복하지 않은데 아이가 행복할까요?

상담을 하려면 상담자도 본인의 치유를 위해 개인상담이나 집단상담 등을 받는 것이 필수 과정이라 상담을 자주 받는 편인데, 임신했을 때 받은 상담에서 했던 말을 기억한다.

"나처럼 인생이 힘들지 않았으면 해요. 아이가 행복하게 살았으면 좋겠어요. 엄마인 내가 행복하지 않은데 아이가 행복할 수 있을까요?"

이 말을 하며 감정이 복받쳐 한참을 울었다. 아기가 태어나기 전부터도 나는 이런 의문과 두려움을 갖고 있었다. 가정사에 큰 기복이 있거나 경제적으로 크게 어려웠던 건 아니지만, 외롭게 살아왔다. 자신감도 약하고, 자기비하가 심했다. 무엇보다 사람들이 나를 사랑하지 않으니 미워하지 않도록 노력해야 한다는 무의식이 강했다. 그래서 사는 게 힘들었다. 뭘 해도 신나지 않았고, 희망적이지 않았고, 어둠 속에서 빛을 찾아가는 형상이었다. 한 줄기 빛 덕분에 상담공부를 하고, 업으로 삼으며 나를 치유해가던 터에 나와 다른 존재이면서도 결코 떨어질 수 없는 아이를 만난 것이다. 잘 해낼 것 같다는 자신감도 있었지만, 마음 깊은 곳에서는 '내가 과연 그럴 만한 사람일까? 이 아이를 자신감 있고, 당당하게 키워낼 수 있을까? 과연 내가?'라는 의구심이 들었다. 1, 2년은 모성의 위대한 힘으로 버텨냈는데 아이가 점점 자라 자아를 갖고 자기주장을 펼 때부터 삐걱대기 시작했다.

책에서 하라는 대로 해봤지만

그때마다 육아서를 찾고 육아로 소위 성공했다는 분들의 노하우를 따라 했다. 신생아부터 적용되는 수면교육, 식습관 등을 성공적으로 해내도록 돕는다는 책들이 있다. 엄마들이 이름만 들어도 다 알만큼 유명한데 미국, 프랑스 등의 서양식이어서인지 나에게는 맞지 않았다. 신생아 때부터 책의 부록으로 나온 다이어리에 대변과 소변의 기저귀 개수, 수유간격, 낮잠시간까지 체크하며 하루하루를 보냈다. 책에 나온 모범 답안을 보며 '잘 따라 하고 있군, 아기도 잘 크고 있군' 하고 안심했다. 나중엔 다이어리 체크도 하는 둥 마는 둥 할 만큼 나름 능숙해졌는데 수면교육이 문제였다. 일찌감치 밤중 수유를 중단하고 속싸개에 싸서 아기를 안아주다가 내려서 재우라는데, 엄두가 나지 않아 미루다가 8~9개월부터 시도해봤다. 내가 실행력이 부족했는지, 아기에게 맞지 않았는지 밤새 아기와 씨름만 하고, 남편과 싸움만 날 뻔했다. 아무리 아기에게 이야기를 해주고, 낮부터 젖을 많이 물리며 준비해도 아기는 안아달라고, 배고프다고 울고불고 난리였다. 절대 약해지면 안 되고, 안아주지 말라고 하니 애써 마음을 가다듬는데 울음소리를 들으며 참고 있던 남편이 한계에 다다라서 달려가 안아준다. 이 방법이 아기한테 좋다니까 방해하지 말고, 그냥 두라고 말했지만 남편은 그러지 않았다. 사실 아기 울음소리를 계속 듣는 데는 대단한 평정심과 인내심이 필요하다. 몇 차례 더 시도했지만 한 번도 성공하지 못하고 결국 아이 성격만 버릴까 봐 포기해버렸다. 내 행동을 탓하지는 않고, 저자에게 책임을 전가했다. 나랑은 기질이 다른 선생님이 우리 아기를 모르고 쓴 책이라며 말이다.

그 후에는 어떻게 하면 책을 잘 읽어줄까, 잘 놀아줄까, 한글을 쉽게 떼게 할까, 영어를 원어민처럼 잘 하게 만들까 등을 주제로 한 육아서를 집에 들여놓았다. 아이에게 학습 부담을 주지 않으면서 부족함 없이, 아니 특별하게 키울 방법을 좇았다.

"그래, 저 사람들도 했는데 나라고 못 할 거 있겠어? 나도 우리 아이에게 있는 멋진 능력에 날개를 달아주는 거야."

왜 너만 안 되니?

하루, 이틀은 육아서 약발이 간다. 책에 쓰인 것처럼 아이를 사랑의 눈빛으로 바라보며 하나하나 긍정으로 반응해주는 것이 기본이다. 큰마음을 먹고, 돗자리보다 큰 비닐을 사다가 깔고, 그 위에 밀가루를 담아주기도 한다. 마음껏 놀아보자. 놀면서 온몸으로 만지며 감각을 자극하고, 물을 섞어서 반죽이 되면 여러 모양으로 만들어 보기도 했다. 거기까지다.

"이건 어떤 모양일까? 반듯반듯 네모가 되었네, 이건 뾰족뾰족 세모다, 와, 이건 동그라미~"

교육적 의도가 섞인 말이 들어가면 아이는 눈길을 돌려버린다. "아니야, 아니야" 하면서 자기가 놀고 싶은 대로, 밀가루를 흩뿌려 비닐이 깔리지 않은 바닥까지 다 튀고 범벅이 된다. 아이 얼굴이며, 머리까지 온전한 데가 없다. 책에서 본 대로 즐거운 놀이가 교육과 연결되지 않을 만큼 엉망진창이 되었다. 아이로서는 당연한 행동인데 재밌게 놀이를 하고, 기분 좋게 교육도 하고, 깔끔하게 정리까지 되는 걸 상상했던 나는 그 상황이 못마땅할 수밖에 없었다. 잘 놀았으니 됐다 하면 좋았으련만, 기분이 상해버렸다.

'왜 너는 저 책의 아이들처럼 배우지 못하는 거야? 알려주면 초롱초롱 눈을 빛내가며 흡수해야 할 거 아니야. 너는 왜 그래?'

이 말은 아이에게 하지 않았지만 무의식적으로 아이를 향해 있었다. 이런 생각으로 자신을 바라보는 눈빛을 아이는 읽었을 것이다. 누구든 자신이 상처받는 일은 하고 싶지 않다. 이건 할 수 있을 거라 기대하며 해봤는데 안 되고, 욕만 듣는다면 차라리 안 하고, 안 듣고 싶다. 우리에게 맞지 않는다고 또 밀쳐버리며 다른 육아서를 찾았지만, 나는 육아를 잘 하지 못하는 엄마가 아닐까 하며 자신감이 점점 떨어졌다. 한동안 책장에 꽂힌 책만 봐도 못난 나를 보는 것 같아 불편했다.

따라하고 흉내 내고 척하기

6개월쯤 된 아기를 데리고 문화센터 수업을 마치고 나오는데 아동출판사 영업사원들이 풍선과 전단지를 나눠주며 눈길을 끌었다. 나도 타깃이 되어서 적극적으로 대쉬하는 지점장님의 환대를 받았다. 아이 발달과 교육을 훤히 꿴 듯한 그분의 포스에 빠졌다. 전단지에는 신문기사가 실려 있었다. 책으로 아이를 영재로 키운 부모님 이야기를 하시면서 동화책만 많이 읽어줘도 영재가 되고, 똑똑해진다는 말에 솔깃해졌다. 매일 그날이 그날이던 나에게 새로운 이정표가 보인 것이다. 집에 돌아와서 아이를 교육할 정보들을 수집했다. 아이와 함께하는 시간에 책을 읽어준다는 목표의식이 생겼고 나도 책을 좋아하는 편이니 딱 맞는 방법으로 여겼다.

나는 정보를 합리적이고 이성적으로 판단하기보다는 처음에 접했을 때 나와 맞고, 편하고, 끌리는 느낌이 드는 것을 선택하는 편이다. 그런 기준으로 한 곳을 선택하여 거의 매일 검색하고, 올라오는 글을 눈여겨보았다. 다들 나처럼 육아를 어려워한다는 사실에 안심되고 동지애도 느끼며, 마음이 확 열렸다. 사교육을 하지 않고도 영어를 원어민처럼 술술 말한다는 아이들 이야기나 3, 4살에 한글을 떼고 책의 바다에 빠져 밤새도록 책을 본다는 이야기는 그야말로 충격적이었다. 과연 아이들이 책에 몰입하고, 누구나 천재라고 할 만큼 능력을 보일까 의문이 들면서도 눈앞에 이런 일들이 펼쳐지고 있다니 신기할 따름이었다. 특출난 아이 한둘이 아니라 손에 꼽지도 못할 숫자의 비슷한 결과가 확신을 갖게 했다. 말로만 듣던 천재, 영재는 하늘에서 정해주는 특별한 사람들인 줄 알았는데 책을 많이 읽으면 우리 가까이에서도, 내 아이도 다른 삶을 살게 된다는 데까지 연결이 되었다.

언제 어디서나 책과 함께

'나도 이 부모들처럼 아이에게 열심히 책을 읽어주고, 사랑을 주면 가능하지 않을까? 내가 그런 것처럼 다른 사람들도 나를 대단하다 부러워하게 되겠지?'

이미 가슴은 설렜고, 세상 누구도 모를 정보를 나 혼자 알게 된 것처럼 신이 났다. 아직 아무것도 한 게 없는데 마치 우리 아이가 그 아이들처럼 된 듯이 들떴다. 육아선배님들이 이미 실천해보고, 검증했으니 따라만 가면 되겠구나 싶었다. 당장 책부터 들여야 한다는 생각에 여기저기 책들을 찾아 주문했다. 단행본 몇 권 있던 거실에 서서히 책들이 자리를 잡았다. 책장을 새로 장만할 만큼 책이 꽤 많아지자 슬슬 남편 눈치가 보였다. 경제관념이 투철한 남편이 한 마디라도 제동을 걸면 어떡하나. 다행히 책을 읽는 게 아이에게 좋다고 말하니 남편은 무리하지 않는

선에서만 사라고 했다. 자신은 책을 좋아하지 않아서 읽어주지 못한다는 말과 함께. 그 후로도 남편은 책 사는 것에 한 마디도 불평하거나 간섭하지 않았다.

아이에게 책을 많이 읽어주었다. 외출하거나 여행 갈 때도 책을 챙겨갔고 길을 가다가도 읽고 싶어 하면 언제든 멈춰서 읽어주려 했다. 첫째라 온 관심을 쏟을 수 있었고, 둘째가 태어나기 전이라 가능했던 일이다. 20개월쯤에 평수를 줄여 이사하게 되었는데 거실벽은 모두 책장으로 도배가 되고 아이방도 절반은 책으로 찼다. 아이도 택배기사님이 벨을 누르면 "책 왔다"라고 하며 신나서 달려가고, 꺼내자마자 앉아서 읽을 정도로 좋아했다. 독서의 영향인지 언어 발달도 빨랐다. 쓸데없는 짓 한다던 양가 어른들 말씀이 쏙 들어가고 책 읽은 효과라며 기특해하셨다.

나는 불순한 엄마였다

18개월쯤부터 새벽까지 책을 읽는 몰입의 시기가 있다는 사실에 마음이 쏠려 그때를 기다렸다. 두 돌이 지나면서 아이가 잠드는 시간이 점점 늦어졌다. 인터넷에 올라온 글처럼 아이가 새벽까지 안 자고, 재우려 해도 울고불고 정신이 더 말짱해졌다. 예상은 했지만 막상 닥치니 견디기 힘들었다. 아침잠이 없는 나는 밤늦게까지 못 자는 게 고문 같은 일이라 며칠 고민하다가 아이가 원하는 대로 따라주기로 했다. 졸리면 커피 마셔가며, 쪽잠을 자면서까지 아이를 놀게 해주었다. 아이는 새벽 3~4시쯤 되어 잠들고, 오전 11시쯤 일어나 중간에 낮잠을 자며 36개월까지 1년 정도를 그렇게 보냈다. 밤을 새우며 논 1년 동안 나는 아이에게 집중하며 지냈다. 바닥에 온통 책이 깔려 있고, 지치지 않는 체력으로 노는 아이를 보며 나도 미친 듯 살았다.

순수하지 못한 것이 문제였다. 바라던 대로 아이가 몰입의 시간을 보냈지만, 마음 한쪽은 슬슬 결과를 보이라며 아이를 다그치려 했다. 다른 아이들은 밤새 책을 읽는다는데 왜 우리 아이는 밤에도 놀자고 날뛰고, 책은 고작 몇 권 읽을까. 글자도 혼자 뗀다는데 아직도 못 읽는 아이가 못마땅하고, 화가 쌓여갔다.

'널 위해서 잠까지 설쳐가며 희생하는데 너는 왜 그 결과를 보여주지 않는 거야? 놀지 말고 책을 읽어야지. 노는 게 뭐 그리 좋다고.'

매일 밤 아이 옆에서 함께 놀다가도 문득 이런 생각이 나면 책이고 뭐고 다 그만두고 자고 싶어졌다. 아이도 엄마의 변화를 알아차려 슬쩍 눈치를 보고, 혼자 조용히 놀았다. 아이가 책을 들고 읽어달라고 무릎에 앉으면 화난 마음에 밀쳐냈다. 엄마 좀 쉬게 해달라고 소리치거나 방에 들어가 울고 나오기도 했다. 지금도 기억나는 장면이 하나 있다. 방에서 마음을 가라앉히고 나왔더니 아이가 거실 탁자 위에 귤을 8개쯤 가지런히 까놓고 자신을 혼낸 엄마를 보고 환히 웃었다. "엄마, 나 잘 깠지? 엄마 먹으라고." 나는 아무 말도 못 하고, 아이를 꽉 안으며 속으로 울었다.

'아무 잘못 없는 너에게 지금 내가 뭘 하고 있는지 도대체 모르겠다.'

책 욕심으로 만든 지옥

아이가 한창 늦게 잠들던 시기에 책으로만 영어를 잘할 수 있도록 아이를 키워 책도 내고, 강연도 다니는 한 엄마를 열심히 쫓아다녔다. 그분 책이 나왔다길래 쏜살같이 사러 가서 추운 겨울날 길에서부터 읽으며 집에 들어갔다. 학창 시절 열광하던 가수의 따끈따끈한 새 앨범이 나온 것처럼 당시 그 책은 내 메마른 삶에 오아시스 같은 존재였다. 책에 나온 아이는 태어날 때부터 예민해서 잠이 들었다가도 잘 깨고, 낮잠도 거의 자지 않았는데 엄마가 동화책을 읽어주며 아이가 몰입할 수 있도록 했다.

무엇보다 나를 사로잡은 건 아이에게 베푸는 사랑의 깊이였다. 아이가 하는 말에 반응해주고, 아이의 욕구를 알아주고, 아이를 있는 그대로 존중하는 모습에 감동했다. 어떻게든 따라 하고 싶었다. 아이들에게 어떻게 대해야 할지 머리로는 아는데 막상 실천하기가 어렵다. 원래 자존감이 높은 분도 아니었다는데 아이를 위해서 자신의 내적 불행을 다 내려놓고 노력하는 점을 특히 배우고 싶었다. 그분의 강의가 있으면 열 일

제쳐두고 달려가서 6번 정도 만났다. 강의 내용이야 다 비슷하지만 자꾸 들어서 내 몸의 뼛속까지 밀어 넣고 싶었다. 처음 강의가 있던 날, 끝나자마자 얼른 다가가 아이가 한글에 관심을 보이는데 어떻게 알려줘야 할지 모르겠다고 했다. 잘 해오셨다는 대답에 주책없이 눈물이 왈칵 쏟아졌다. 그분은 나를 따듯하게 안아주셨다. 고생하셨다고, 괜찮다고.

삶의 균형이 흔들흔들

아이에게 몰입의 시간을 준다며, 인생에서 책을 가장 많이 산 시기가 이 무렵이다. 원래도 책이 많았는데 망설임 없이 전집들을 들였다. 경제관념이 약해서 어떤 상황이 펼쳐질지 모르고, 눈이 뒤집혀버렸다. 남편은 자격증 시험을 준비하느라 일을 줄였고 내가 파트타임 상담사로 일하지만 1년간은 최소한의 수입에 맞춰 지내기로 했다. 남편은 가계 규모 내에서 책을 사겠거니 했는데 난 신용카드 한도를 높여가며 계속해서 빚을 졌다. 평소엔 장난꾸러기인 남편은 신혼 초부터 경제적인 문제에는 예민해서 가뜩이나 눈치 보는 편이었다. 빚지며 물건 사는 일은 절대 용납되지 않는 남편에게는 문제가 없는 것처럼 속였다. 내 속은 점점 타들어 갔다. 금방 갚을 줄 알았던 카드빚은 한 달, 두 달 이자가 붙으면서 눈덩이처럼 불어났다. 2년 가까이 그랬다. 큰 지출은 미리 모아둔 돈으로 해결한다 쳐도 생활비가 다달이 늘어날 수밖에 없었다. 그 와중에 이사를 했고, 둘째를 출산했으며 첫째는 유치원에 다니기 시작했다. 미리 준비하고 절약해서 돈을 모아뒀어야 하는데 마이너스 상태에서 빚이 더 늘게 된 것이다.

사는 게 사는 게 아니었다. 남편에게 들킬까 봐 늘 조심스럽고 거짓말 해야 할 때도 있었다. 생활이 괜찮은지 물으면 애써 아무렇지 않은 듯 그렇다고 답했고, 큰돈을 써야 할 때면 속으로는 부들부들 떨리면서도 돈이 있다고 말해버렸다. 가장 편해야 할 가정에서 긴장했다. 이제라도 솔직하게 말하자고 굳게 다짐하다가도 남편 얼굴을 보면 목구멍까지 올라온 말이 도저히 나오지 않았다. 다른 것도 아니고, 책 사느라 이 지경이 되었다는 말을 어떻게 해야 할까. 무서워서 회피했다.

나를 스스로 공격하기 시작하면 그 끝은 아이들에게 돌아갔다. 신경이 날카로워져 있는 데다 둘째를 출산하며 육체적으로도 피폐했다. 둘째의 임신과 출산은 모든 과정이 순조로웠지만 두 아이를 동시에 돌보는 건 다시 처음이라서 생활리듬이 완전히 바뀌었다. 첫째만 있을 때는 아기를 재우고 낮잠을 잔다거나, 밀린 집안일을 할 수 있었는데 둘째는 이동하는 차 안에서나 낮잠이 들고, 아이들이 잠드는 시간도 달라 정신을 못 차렸다. 그래도 책을 놓고 싶진 않아 자기 전에 첫째 책을 읽어주려 하면 금세 둘째가 달려들어 보채고, 4살 터울로 읽는 수준이 차이 나서 싸움으로 끝나는 날이 많았다. 첫째에게 공들여 읽어주던 책을 제대로 읽어주지도 못하니 헛수고로 돌아가는 것 같고, 한글을 떼면 혼자라도 읽을 텐데 그렇지도 못했다. 아이가 한글 DVD를 좋아해서 집중하며 보는데 '가'자도 알지 못하니 속만 터졌다.

마음의 지옥에서 해방한 날

그러던 어느 날, 남편과 이야기하는데 내 대답이 석연치 않았는지 무슨 고민이 있냐고 캐물었다. 없다며 눈길을 피하는 기색을 포착한 남편이 계속해서 솔직하게 이야기하라고 하니 마음이 흔들렸다. 더 빠져나갈 곳이 없다는 생각에 2년 동안 입에서만 맴돌던 그 말을 꺼냈다. 그리고는 한참을 울었다. 남편이 불같이 화를 낼 줄 알았는데 너무도 침착했다. 갚아야 할 금액이 얼마인지 몇 번이나 확인하더니 5분도 안 되어 갚을 방법을 제시했다. 상황이 급하니 아이들이 어른들께 돌 선물과 세뱃돈을 받아 모아둔 통장을 깨고, 나머지는 자신이 충당하겠다고 했다. 아이들 돈인데 허락 없이 쓰게 된 걸 미안해하라는 말 한마디와 함께 지금까지 말 못 하고 어찌 살았냐며 측은한 눈빛으로 보았다. 안도의 한숨이 났다. 왜 화를 내지 않냐고 물으니 수입이 적어 고생한 것도 알고, 아이들 책 사주고, 읽어주느라 애쓴 것도 알아서라고 했다. 남편에게 가정경제권을 넘겨주고, 정해진 생활비에서 넘지 않게 쓰기로 약속했다. 당장 책도 다 팔아버리라고 할 줄 알았는데 아이들에게 필요하겠다며 그대로 두었다. 이날 남편의 새로운 면모를 보았고 두고두고 고마워하고 있다. 인생 해방의 날이기도 했다. 얼마나 마음이 가벼워지던지, 세상이 달리 보였다.

돈을 함부로 한 결과, 내 마음은 지옥이었고 생활에 활력도 없었다. 다시는 경험하고 싶지 않다. 어리석음과 무지의 결과였고, 무책임하고, 현명하지 못했다. 아이들을 위한답시고 벌인 일로 돈을 날렸고, 다시 못 올 시간을 후회하며 보냈다. 아무리 아이를 위한다고 해도, 생활의 균형을 잃지 않아야 한다. 우선순위를 정하고, 나의 인생이 탈선되지 않도록 선로를 똑바로 보고 가야 한다.

엄마는 가끔씩 악마로 변한다

초등학교 5학년이 된 첫째가 3학년 때 학교에서 만든 '엄마 사용 보고서'를 보여준 적이 있다. 핵심은 엄마가 가끔 악마로 변한다는 내용이었다.

'우리 엄마는 가끔씩 악마로 변한다. 소리를 지르기도 하고, 화를 내며 다른 사람으로 변한다. 이럴 때는 정말 무섭다. 왜 화를 내시는지 모를 때가 많다.'

아이는 웃으면서 내밀었는데 뜨끔했다. 엄마를 살짝 골탕 먹이고 싶은 마음에서 솔직하게 쓴 글을 거리낌 없이 보여줬을 것이다. '악마'라는 단어가 마음에 걸렸다. 그렇다. 나는 가끔 악마로 변한다. 가끔의 기준이 아이의 생각과는 다르겠지만 십 년 동안 일주일에 2~3번, 많으면 하루에도 2~3번씩 변하곤 했다.

"선생님은 아이들한테 화 한 번 안 내실 것 같아요."

상담하러 오신 어머니들께 종종 듣는 말이다. 그럴 때마다 손사래 친다.

"저도 집에서 아이들한테 소리 지르고, 화도 많이 내요. 애들이 악마로 변한대요."

당신들만 서툴고 잘못하는 게 아니라며 공감을 드리고자 하는 말이 아니었다. 출산 전까지만 해도 눈에 넣어도 안 아플 자식이라는데 왜 소리지르고, 화내고, 마음에 상처를 주는지 이해할 수 없었다. 몇몇 사람들만 그러는 줄 알았다. 자식을 어떻게 키워야 하는지 안다면 할 수 없는 행동으로 여겼다. 그런데 엄마가 되어 보니 머리로 아는 것과 가슴이 느끼는 것을 일치시키기가 어려웠다. 가슴에서는 화, 속상함, 짜증, 억울함 등을 느끼더라도 친구, 직장동료처럼 사회에서 만나는 사람들 앞에서는 머리로 나이스하게 판단하고 행동한다. 쉽게 감정에 치우쳐 대하지 않는다.

밑바닥을 드러내다

아이와의 관계에서는 정반대다. 머리로는 어떻게 해야 하는지 알면서도 가슴에서 올라오는 감정을 조절하기 힘들다. 아이가 실수하면 먼저 놀란 아이의 마음을 안정시키고, 괜찮다고 하면 되는데 물 한번 식탁에 쏟아도 공격적으로 반응한다.

"조심해야지, 컵을 어떻게 놓는 거야."

날카롭게 쏘아붙이며 눈빛으로 한 번 더 확인사살한다. 어떻게 해야 좋은지 계산은 서는데 인내심의 한계로 가슴 밑바닥에서 치미는 뜨거운 화를 주체할 수 없다. 이럴 때 내가 악마로 변하는 것이다. 40년 가까이 살면서 누군가에게 이렇게까지 화를 내고, 무섭게 대했던 적이 있었나. 아이 키우며 나도 미처 몰랐던 내 모습을 알아차리고 있다. 그러면서 상담실에 오는 엄마들에게 깊이 공감했다. 이분들도 평소엔 자신을 훌륭하게 잘 관리하는 사람들이고 아이들에게 정말 안 그러고 싶은데도 화내고, 상처 주는 엄마들이란 사실을 이해하게 되었다.

둘째가 7살 때, 지하철을 싫어하는데 어쩔 수 없는 상황이라 약간의 실랑이를 벌이다가 간신히 탔다. 다행히 아이와 기분 좋게 이야기를 나누며 가는데 뜬금없이 이런 얘길 꺼냈다.

"엄마, 내가 옛날에 지하철에서 카드 잃어버려서 엄마한테 혼난 적 있지?"

문득 머리에 스치는 기억이 있었다. 벌써 3년 전 일이다. 아이들과 어린이 대공원에 놀러 갔다가 7호선을 타고 귀가하는 중이었다. 4살 된 둘째가 어른들처럼 카드 찍고 개찰구를 통과해보고 싶다고 졸랐다. 신용카드를 주며 찍고 나면 다시 달라고 했는데 이날은 나도 피곤해서 아이에게 카드를 받아두는 걸 잊어버렸다. 두 아이가 조곤조곤 이야기하며 웃는 모습을 흐뭇하게 보고 있었다. 내릴 역을 두 정거장쯤 앞두고 일이 터지고야 말았다.

"엄마, 카드가 없어."

"응? 카드가 왜 없어? 어디다 뒀는데? 숨겨놨지? 내릴 때 다 돼서 빨리 찾아야겠다."

그때까지는 아이가 장난하는 줄 알았다. 평소에도 뭘 숨겨놓고 찾아보라며 놀곤 했으니까. 그런데 아이 얼굴이 정말 당황한 모습이었다. 손에는 카드가 없고, 주변을 아무리 살펴도 없었다. 아이를 다그쳐서 물으니 카드를 좌석 등받이와 시트 사이의 얇은 틈새로 넣었단다. 다시 빠질 줄 알았는데 깊숙이 들어가서 빠질 기미가 안 보였다.

"왜 거기다 카드를 넣어, 엄마한테 줬어야지. 카드는 넣어서 빼지도 못하고, 왜 엄마를 힘들게 해, 왜, 왜."

내릴 곳을 지나 종점까지 왔다. 한적한 시간이어서 사람들은 별로 없었다. 한쪽 구석으로 가서 아이에게 할 말, 못할 말 다 하며 있는 대로 화풀이를 했다. 그다음은 잘 기억나지 않는다. 뭘 잘했다고 우느냐고, 그치라고 다그치며 두 아이를 데리고 집에 간신히 도착한 것 같다.

이 평온한 순간에 나도 가물가물한 일이 아이의 머릿속에서 떠올랐다니. 순간 악마로 변한 엄마 때문에 얼마나 놀라고 무서웠던 걸까. 아이가 지하철을 싫어하는 게 답답해서라고 했는데 이때 안 좋은 기억을 갖게 된 건 아닌지 미안했다.

나도 내가 왜 이러는지 모르겠다

첫째에게도 미안한 기억이 있다. 30개월쯤 된 첫째와 박물관에서 전시를 보고 오는 길이었다. 아이가 야외에서 놀다가 실수로 옷에다 소변을 봤다. 기저귀를 뗀 지 두어 달밖에 안 지났으니 당연히 그럴 수 있는데 나는 화가 나서 그날의 좋았던 기분을 망쳐버렸다.

"왜? 왜 실수하는 거야? 먼저 말하면 되잖아. 빨리 쉬했으면 되잖아. 왜 참고 말을 안 해."

아직도 아장아장 걸어 다니는 아이에게 실수 한 번 했다고 큰 죄라도 진 듯 다그치고 혼을 냈다. 마음속에서 야단치고 비웃는 목소리가 들려왔다.

'여태 쉬도 하나 제대로 못 가리게 하고, 화장실에 빨리 들르게 했어야지, 너는 뭐한 거야?'

나를 향한 비난의 화살은 다시 아이에게 폭탄으로 던져졌다. 첫째가 기억하는진 잘 모르겠지만 가끔 이 생각만 하면 눈물이 맺힐 만큼 미안하다. 그 작은 아이가 무슨 잘못을 했다고 잡아먹을 듯이 달려들어서 아프게 했을까. 그러고 싶은 마음이 눈곱만치도 없었는데, 정말 사랑만 행복만 주고 싶었는데. 곤히 잠든 아이 얼굴을 만지며 가슴 한쪽이 아렸다. 매일 밤마다 반성하면서도 무한 반복되는 사태가 더 문제였다. 아이들이 보고 있을 내 모습. 아무 생각 못 하게 멍해지고, 겁먹게 만드는 악마의 얼굴. 그만둘 수도 없고, 내 마음 같지 않게 흘러가는 이 생활이 언제쯤 끝날까 한숨만 내쉬었다.

그럼 그렇지,
역시 난 안 돼

몇 년 전, 육아 카페에 나름대로 육아고수라 불리는 분이 올린 글을 보고 놀랐다. 유치원생을 둔 엄마가 책 육아와 관련해 자신에게 보낸 질문을 복사해서 붙여넣고, 노력도 제대로 하지 않으면서 이런 질문 올리지 말라고 비판하는 글이었다. 요령만 바라는 엄마들에게 현실을 직시하라고 날리는 뜨거운 한방이었다. 맞는 말일 수도 있는데, 잠시 멍해졌다. 나도 저렇게 살았는데, 질타당할 만큼 잘못한 일인가 하는 생각에, 예전부터 가졌던 의문이 다시 떠올랐다.

'누군가는 실행이 바로 되는데, 나 같은 사람은 왜 안 될까?'

첫째가 28개월쯤 한글에 관심을 보였다. 책 읽기를 좋아하니 이 글자가 무엇이냐고 묻기도 하고, 알려주면 조금씩 알아차리는 것 같아 재미가 붙었다. 어린 나이여도 책을 많이 읽으면 한글에 관심을 보인다더니 정말이구나, 때가 왔다 싶었다. 집에 꽉 찰 만큼 책을 들이고, 밤새워 놀며 아이와 시간을 보낸다고 '유난'을 떨고 있으니 주변의 시선도 무시할 수 없었다. 솔직히 내 육아 실력이 아이의 능력과 직결되는 것 같아서 뭔가 보여주고 싶은 마음이었다.

아이를 믿어주지 못했다

아이의 수준에 맞춰 한 글자씩 천천히 알아가도 될 텐데 외부의 힘을 빌렸다. 책과 연계된 놀이수업을 하는 선생님께 부탁드려 한글 수업을 시작했다. 일주일에 한 번씩 다양한 게임을 준비해 오셨는데 재미있던 수업이 점점 확인 위주로 흐르자 아이가 글자를 거부했다. 물어보면 답을 잘 맞히던 아이가 모른다고 하고, 싫다고 대답을 안 했다. 선생님과 내가 아무리 구슬려도 흥미를 보이지 않고, 움직이질 않았다. 어른들에게 강요받는 데 부담을 느꼈나 보다. 결국 수업은 진전은커녕 후퇴하며 3개월 만에 끝냈다. 그러면서 나도 포기했다.

'역시 난 안 되는구나. 인터넷이나 책에서는 쉽게들 뗀다는데, 인형마다 이름도 써서 붙이고, 책 읽을 때마다 제목도 3번씩 짚어가며 읽어주고, 통문자 노출도 했는데 왜 안 되지?'

설상가상으로 영어도 테스트한다는 느낌을 받았는지 영어책에도 불똥이 튀어서 안 본다고 난리를 쳤다. 이러다가 아예 책도 안 읽겠다고 할까 봐 물러섰다.

남들은 쉽게 넘기는 한글 떼기가 큰 장애물로 느껴졌다. 아이가 5살이 되고 동생이 생기니까 책읽기는 더 힘들어졌다. 남편이 집에 있어도 잘 도와주던 때가 아니었고 둘째를 안고 읽어주는 것도 갓난아기 때나 가능하지 기어 다니고 걸으면서는 방해자가 되기 일쑤였다. 닥치는 대로 입에 갖다 물고, 빼는데 첫째도 질색하며 순식간에 싸움터, 울음터가 되어버렸다. 한 번에 한 가지밖에 못 하는 스타일이라 속이 터졌다. 유치원 다니며, 한창 뇌가 폭발하는 시기라서 책을 안 읽어줄 수도 없었다. 이때 생각한 방법이 첫째가 얼른 한글을 떼는 것이었다. 6살로 접어들면서 다시 한글 떼기 전쟁이 시작되었다. 그동안에도 꾸준히 책을 읽었는데 한글은 진전이 없었다. 닦달하지 않고 기다렸는데 둘째라는 복병이 생기니 더 기다릴 수 없었다. 한글 DVD도 많이 보여주고, 통문자들을 바닥과 벽에 다시 널려 놓았다.

'그래, 이번에는 정말 한 번에, 통쾌하게 해보는 거야. 아자아자!'

마음을 가다듬고서 희망과 욕심을 갖고 며칠이 지났다. 평소보다 너그러운 마음으로 DVD도 보여주고 책도 읽어주며, 슬쩍 글자들을 물어봤다. 그런데 화면에 수없이 나온 '가'도 모른다. 침만 꼴깍 삼키고, 또 며칠이 지나 물어봤다. 참고, 참고, 꾹꾹 눌러놓았던 감정이 폭발했다.

"어떻게 '가'자를 몰라? 얼마나 많이 나왔는데, 너는 그림만 보니? 나왔다 들어갔다 하는 글자는 안 봐? 안 보여?"

참 못난 엄마다. 난데없이 받은 폭격에 아이는 눈물, 콧물 범벅이 되고, 남편은 도저히 안 되겠는지 방에서 나와 아이한테 그러지 말라고 한마디 하고 아이를 달래준다. 나도 둘째를 안고 주저앉아 숨죽여 울었다.

'제발 엄마 좀 살려주라. 나보고 어떡하라는 거니.'

엄마를 그만둘 수 있다면

엄마노릇 그만하고 싶었다. 훌훌 털고, 하고 싶었던 공부든 일이든 마음껏 하고, 보고 싶은 것 보고, 내 마음대로 하고 싶었다. 그럴 수 없는 걸 알지만 여기서 어떻게 더 해야 할지 몰라 답답해서. 내가 바라는 엄마의 삶은 이런 모습이 아니었다. 상상도 못 한 현실에서 그저 하루하루를 버티며 살아내는 것 같았다. 남편에게 도움을 청하면 한결 수월할 텐데 그때 난 육아는 다 내 책임이라고 생각해서 말도 못 꺼내고 속으로만 끙끙댔다. 아이들과 전쟁을 치르는 걸 뻔히 보면서도 움직여주지 않는 남편이 야속했다. 물론, 남편도 첫째랑 놀러도 다니고, 도와주려는 마음이 없진 않았지만 그때 우리 부부는 서로에게 더 친절하지 못했다. 각자의 상황만 대단하게 여기면서 상대방을 온전히 가슴에 품지는 못했다. 보이지 않는 벽이 세워진 것처럼 더 다가가려 하지 않았다. 아마도 부모라는 이름으로 바뀐 혼란스러운 삶에 적응하느라 그랬을 것이다.

첫째가 7살이 되더니 친구들에게 자극을 받아 먼저 한글을 가르쳐 달라고 했다. 단순히 자음과 모음이 어떻게 연결돼서 발음되는지만 몇 번 봐주었는데 그 뒤로 혼자서 한글을 읽었다. 3살 때부터 한글 읽혀보겠다고 생난리를 피고, 6살에도 가슴을 치며 울었는데 4년 만에 혼자서 떼고 읽는 걸 보고 머리가 멍해졌다. 혼자 글자를 읽고, 책 읽는 모습을 보니 기쁘고, 신기하면서도 난 여태 뭐했나 싶었다. 아이에게 미안했다. 꾸준히 아이와 재밌게 글자를 배우고, 과정을 즐겼다면 좋았을 텐데 내 욕심과 두려움에 그러지 못했다.

한 생명을 키우는 책임의 무게

아이를 키우다 보면 책임의 무게를 느낄 때가 많다. 사회성을 키우려면 어린이집도 빨리 보내야 한다는데 맞는지, 아이가 싫어하는 유치원을 다른 곳으로 옮기는 게 맞는지 등 고민거리가 생긴다. 이럴 땐 누가 '이렇게 키우십시오' 하고 딱 말해줬으면 좋겠다. 철학원이라도 찾아가 '어느 쪽이 맞을까요?' 물어보고, 쉽게 결정할 수 있다면 좋겠다. 하지만 아이와 상황을 고려하여 결정을 내리는 건 엄마 몫이다. 남편과도 상의하지만 최종 결정은 아이를 가장 잘 알고, 함께 지내야 하는 엄마가 한다. 결정만 내린다면 그나마 다행인데 그에 따른 책임을 져야 하니까 고민스럽다. 차라리 내 인생이라면 덜할 텐데, 자식의 인생이 달려 있으니 어느 것 하나 쉽지 않다.

둘째를 출산하기 전까지는 여유만만이었다. 솔직히 첫째를 챙기느라 둘째에게 관심을 못 준 것이 맞다. 두 번째 출산답게 산후조리원에서 보낸 시간도 순조로웠다. 중간중간 의사선생님께 검진을 받아보면 아이가 건강해서 2주가 무탈하게 흘렀다. 그런데 조리원 나가기 전날 갑자기 아기 건강이 안 좋아졌다. 장에서 나는 소리가 안 좋더니 설사가 시작되고, 미열도 있었다. 종합병원에서 검사해보니 큰 이상은 없지만, 장 쪽에 가스가 차서 좋지 않다며 당분간 아이를 잘 관찰하라는 권고만 받았다.

아기가 70일쯤 되었을 때 미열이 시작됐다. 낮부터 몸이 약간 뜨거워져 지켜보다가 열이 떨어져서 방심했는데 밤이 되자 아이가 처졌다. 조리원에서 100일 전 아기가 열이 나면 병원으로 꼭 가라는 말을 들었던 터라 긴장이 되었다. 열이 39도가 넘어서면서 병원에 갈 채비를 하고 서둘러 나섰다. 밤 11시쯤 도착한 가까운 대형병원의 응급실에서 진찰한 결과 계속해서 열이 떨어지지 않으니 검사를 받아야 한단다. 초음파 검사뿐 아니라 뇌척수액 검사도 있었다. TV에서나 보던 두꺼운 주삿바늘을 등에 꽂아 척수액을 추출하는 검사였다. 다 큰 어른인 나도 두려운 검사를 한밤중에 아기에게 받게 한다니, 상상할 수 없는 통증을 느끼도록 한다니 무서웠다. 의사가 받아야 한다고 했지만 보호자인 내게도 선택권은 있었다. 남편도 없는 상황에서 짧은 순간 별생각이 다 들었지만 검사를 받기로 했다. 어쩌면 있을지도 모르는 작은 확률의 치명적인 위험으로 이 순간을 죽도록 후회할 수 있으니까. 엄마로서 그렇게 선택할 수밖에 없었다. 만에 하나의 확률이 있기 때문에 두 눈을 질끈 감았다.

아가야, 아프게 해서 미안해

검사가 진행되고, 밖에서 기도하며 서 있는데 아이의 비명이 들려왔다. 자지러지게 울다가 기절했는지 갑자기 멈췄다가, 다시 또 울며 소리를 지르는데 밖에서는 아무것도 할 수 없었다.

"아기야, 엄마 여기 있어. 엄마 옆에 있어."

몸이 찢어지는 고통에 아기가 얼마나 놀랐을까 싶어 너무도 미안했다. 내 결정이 자꾸만 후회되고, 이러지도 저러지도 못하는 마음에 서럽게 울었다. 검사가 끝나고 아기 얼굴을 똑바로 볼 수 없어서 끌어안고 미안하단 말만 되뇌었다. 초음파 검사 때는 아기가 자꾸 움직여서 잘 잡히지 않아 새벽 4시쯤에야 끝나고 입원실로 올라왔다. 간신히 잠들었다가도 5분 만에 놀라듯 깨어나 울어서 엄마가 옆에 있다고 가슴을 토닥이며 안심시켜야 다시 잠이 들기를 반복했다. 이날의 5시간은 평생 잊지 못할 것 같다. 내겐 정말 뼈아픈 후회의 순간이었다.

며칠 입원해 있는 동안 열은 내렸지만 장이 좋지 않아 CT 촬영이 반복되었다. 아이가 열 나는 걸로 입원까지 해서 고생시키느냐, 그 어린 아기를 데리고 유난을 떠냐는 지인들의 우려 섞인 전화를 받으며 착잡했다. 아픈 아기를 업고, 창밖을 보며 결과만 잘 나오게 해달라고 기도했다. 내 결정이 잘못되었더라도 나는 엄마로서 최선이었다고 위로하며 아이만 건강하면 된다고 빌었다. 다행히 뇌척수액 검사 등에서 이상이 없었고, 장 쪽의 문제로 치료받다가 호전되어 퇴원했다. 건강은 좋아졌지만 그날의 기억이 아기를 꽤 오래 괴롭혔다.

한 달 뒤, 백일 잔칫날에도 식당의 환한 빛을 보자마자 자지러져 식사 내내 자리에 앉아있지 못했다. 검사받던 날의 그 불빛이 떠올라 고통스러운 반응을 보인다는 걸 엄마는 느낌으로 알 수 있었다. 아기를 계속 안심시키며 위로해주었다.

"아기야, 놀랐구나. 이제 다시 아프게 하지 않을게. 그날은 아기가 어디 아픈지 알아보려고 검사했던 거야. 차분히 설명해주지도 않고, 엄마가 옆에 있어 주지도 못해서 미안해. 지금은 우리 아기 축하해주러 모이신 거야. 엄마가 꼭 옆에 있어 줄게."

아이가 안심하고 놀란 마음이 가라앉을 때까지 등을 쓸며 이야기했다. 내가 잘할 수 있는 일이 마음을 예민하게 알아차리고, 공감해주는 거니까. 아기는 안정을 되찾아 웃으면서 잔치를 마무리했다. 하지만 아이가 크는 동안 마음 한 켠에 늘 미안함이 있다.

엄마도 위로받고 싶어요

그때 입원한 병실이 6인실이었는데 폐렴으로 입원한 첫째 또래의 아이가 있었다. 아이 엄마가 무척 자상해 보여 눈길이 갔다. 아이 외할머니도 오셨는데 성격이 호탕하고 따듯해 보였고 손녀를 걱정하는 마음이 눈에 훤했다. 특히, 그 엄마에게 해주신 말씀이 잊히지 않는다.

"우리 딸, 힘들어서 어떡해. 너는 아무 걱정하지 말고, 아이만 신경 써. 엄마가 옆에서 어떻게든 다 도와줄 테니까. 알았지?"

그 도움은 병원비와 같은 물질적인 것만이 아니었다. 등을 토닥이고, 눈을 맞추며, 옆에서 따스하게 전해주는 말로 세상 어딜 가도 두려울 것이 없는, 든든한 지원군이 되어주셨다. 나는 그런 말을 들어본 적이 있던가. 그 엄마가 정말 부러웠다. 내 결정이 현명하지 못했더라도 고생했다고, 잘하고 있다고, 실수해도 괜찮다고, 늘 응원한다는 그 위로가 간절했다.

내면의 나를 알아차리고 만나는 시간입니다. 읽으면서 떠오른 자신의 모습을 글이나 그림으로 돌아보는 시간을 가져보세요. 작성한 다음에는 따듯하게 바라보면서 자신과 이야기 나누는 시간이 필요합니다.

나와 아이의 모습을 그림과 글로 표현함으로써 현재 우리의 관계, 내가 원했던 나와 아이의 모습, 혹은 아이의 마음속에 있는 엄마 모습을 만날 수 있습니다.

나와 아이의 현재 관계를 떠올려 보기

잠시, 자세를 편하게 해보세요. 크게 숨을 들이마시고, 천천히 내쉽니다. 다시 한번, 크게 숨을 들이마시고, 천천히 숨을 내뱉습니다. 숨이 들어가고 나갈 때마다 내 몸이 어떻게 움직이는지 알아차려 봅니다. 어깨가 올라가고, 내려갑니다. 가슴이 올라가고, 내려갑니다. 숨이 들어가고, 나가는 것을 지켜보며, 나 또한 지금 여기에 온전히 존재합니다.
이번 시간에는 우리 아이들을 잠시 떠올려 봅니다. 눈에 넣어도 아프지 않을 만큼 소중한 나의 자녀를 만나보세요. 뱃속에 있던 때부터 산고의 고통을 이겨낸 후의 첫 만남, 그렇게 아이와 나의 관계는 시작되었습니다. 세상 그 어떤 관계보다도 단단하고, 눈부신 사랑으로 맺어졌지만 가끔 엄마라는 이름이 버거울 때도 있습니다. 어떻게 해야 할지 몰라 허둥대며, 발만 동동 구르던 때도 있었지요. 지금, 아이와 나는 어떤 관계를 맺고 있나요? 이제 잠시 눈을 감고, 1분 정도 아이와 나의 모습을 떠올려 봅니다.

눈을 뜨고 지금의 기분, 떠오른 장면 등을 자유롭게 그림 또는 글로 표현해보세요.

그림 또는 글로
표현해
보세요.

엄마,

지금

여기에서

3

[미해결 과제]

완결되지 않은 혹은 해소되지 않은 게슈탈트를 미해결 과제라고 합니다. 미해결 과제가 쌓이는 것은 개체가 자연스러운 유기체의 활동을 인위적으로 차단하기 때문이지요. 사람들이 수많은 미해결 과제가 남아있는 상태로 살아가면 지금 여기에서 생생하게 알아차리지 못하며 살게 되죠. 예를 들어, 부부싸움을 한 후 냉전의 기간을 갖는 동안 마음이 무거워지고 괜히 예민해지는 때, 시댁에서 받은 스트레스들이 쌓여 아이에게 화를 내게 되는 상황들이 있습니다. 게슈탈트 심리상담 이론에서는 더 생생하고, 나다운 삶을 위해 미해결 과제를 완결짓는 일이 중요한 목표가 됩니다.

제대로 푸념하고 쏟아놓은 듯하다. 마음속으로만 담아둔 이야기를 글로 써 놓으니 후련해지는데 이대로 지나가면 안 되지 싶다. 엄마는 사랑과 헌신의 아이콘이라지만 많은 사람이 겪는 고통이라면 그냥 두어서는 안 된다. 어디서부터 꼬였는지 문제를 찾고 해결할 방법이 분명 있을 것이다. 엄마 혼자의 고통이라면 감내할 수 있지만 엄마가 힘들면, 아빠가 괴롭고, 금쪽같은 우리 아이들이 고스란히 전해 받는다. 우리 잠시만 멈추고 돌아보자.

주인공은 내가 아니라 아기가 되었다

첫째를 출산하고 처음엔 아기를 보기만 해도 행복했다. 잠든 얼굴은 천사 같고, 수유할 때 오물오물 빠는 입도 귀여워 어쩔 줄 몰랐다. 라면도 반 개, 공깃밥도 반만 먹던 내가 모유량이 준다 싶으면 밥 3그릇을 흡입하듯 몸속에 밀어 넣었다. 몸에서 안 받아 못 먹던 양이었는데 아기를 위해 몸도 변했다. 신기했다. 100일이 지났다. 추운 겨울에 신생아를 데리고 움직이기 힘들어 거의 집 안에 콕 박혀 있었다. 곰이 마늘과 쑥갓만 먹으며 100일을 동굴 속에서 지냈듯이. 나도 웅녀처럼 환생해야 하는데 오히려 작아진 느낌이 들었다. 임신했을 때만 해도 어딜 가나 챙김 받고, 귀하게 대접받았는데 이제 주인공은 내가 아니라 아기가 된 것이다. 아기에게 맞춰진 삶이 당연하다는 듯 내 안의 욕구, 감정은 멈춰졌다. 하다못해 잠도 편히 잘 수 없고, 화장실 한 번 가려 해도 우는 아이를 안고 가야 하니 기초적인 생리현상조차 내 마음대로가 아니었다. 내가 하고 싶은 대로 하면 나쁜 엄마, 이기적인 엄마가 되는 것 같았다. 누구의 강요

없이 나를 그 틀에 스스로 맞춰 넣었다.

눈코 뜰 새 없는 삶

아기만 본다면 수월하겠지만 집안 살림 역시 내 몫이다. 안타깝게도 살림에 영 재능도 흥미도 없다. 결혼하고 2년이 지났지만 요리는 늘 제자리걸음이었다. 일하기 전에 생각이 많고, 손이 느려 동시에 여러 일을 못하니 육아와 살림을 빠르게 해낼 수 없었다. 아기 건강을 위해 청소에는 신경 쓴다 해도 남편 식사가 문제였다. 당연히 육아가 먼저니까. 생후 6개월부터는 이유식도 시작하니 아기 식사를 준비해야 했다. 식탁에 앉아 편히 식사해본 건 손에 꼽는다. 아기를 등에 업고 서서 먹거나 밥을 국에 말아 순식간에 후루룩 해치웠다. 남편 식사를 진수성찬은 아니더라도 구색은 맞춰야 해서 반찬 해놓기도 버거웠다. 지금 생각하면 매일 요리 한 가지씩 하는 게 뭐 힘들었을까 싶지만, 그때의 나는 남편보다 아기가 우선이어서 그랬을 것이다. 처음이라서 늘 긴장 상태고, 초점은 아기에게만 쏠렸다. 행여 아플까, 넘어질까, 불편할까 한시도 눈을 떼지 못했다.

어른들께 말해도 새벽마다 찬물에 천기저귀를 빨아 널던 고생담에 비할 바가 아니라 본전도 못 찾는다. 세탁기에, 청소기에 뭐든 쉬운 요즘 시대면 아이 열도 낳아 키우겠다는 말씀에 저절로 입이 다물어진다. 그 당시에는 결혼한 친구도 거의 없어 공감대가 형성되기 어려웠고, 그나마 있는 친구들마저 먼 타지에 떨어져 지내니 만나서 수다 한번 떨 여유가 없었다. 자유의 몸이었을 땐 음악을 듣거나 친구들 만나 술 한잔 기울이며 풀거나 기분전환 삼아 여행이라도 다녀오면 될 터였다. 아기가 생기니 나만의 자유시간을 누리기는 한동안 불가능하다. 젖병을 물지 않아 모유수유를 했던 1년은 나와 아기가 한 몸이었다. 우울하고, 불안하고, 짜증이 나고, 화가 나면 해소되지 않은 감정이 내 몸 안에 켜켜이 쌓이다가 결정적인 순간에 그 모든 감정의 화살표가 아이에게로 향했다. 만나서 풀 대상이 없으니 금쪽같은 내 새끼라며 애지중지 키우다가도 아이에게 내 감정을 쏟아냈다. 아무것도 모르는 그 아이 눈동자에 환하게 웃어주는 엄마, 갑자기 미쳐 날뛰는 엄마, 그래놓고 미안하다 사과하는 엄마, 안 그런다며 또 반복하는 엄마가 선명히 새겨졌다.

아이가 자라며 몸도 편해지고, 경험도 늘면서 정신적으로 여유가 생겼지만 여전히 나에겐 엄마라는 역할이 자랑스럽지 않았다. 분명 아이와 더없이 행복한 순간을 누리지만 아프고, 고통스럽고, 내가 잘못한 일들에 더 초점이 맞춰졌다. 나는 부족하니까 노력해야 하고, 희생해야 하고, 열에 하나라도 못 하면 완벽하지 않다는 가혹한 기준에 사로잡혀 있었다. 둘째 태어나고 1년 동안은 육아 기간 가운데 우울감이 가장 심했다. 산후우울증이 자연스러운 시점이긴 하지만, 두 아이를 감당하는 일이 너무 무서웠다.

나는 무엇을 위해 산 걸까

둘째를 임신하고 4년 만에 나 자신에게 휴식을 주었다. 아버지처럼 따르던 교수님이 진행하는 상담에 참석해 인사드리면서 그동안 고생했고, 애썼다고 지지받고 싶었다. 그 말이 절실했다. 첫째를 임신했을 때도 좋은 엄마가 못 될까 봐 걱정할 때 잘할 것이라고 격려해주셨다. 육아를 하다 힘들면 교수님께 이메일을 드려서 답장을 받고 심적으로 큰 힘을 얻었다. 그러나 내 긴 이야기를 들으신 교수님의 반응은 기대와 전혀 달랐다. 일도 그만두고, 책을 읽히겠다고 아이를 밤에 제대로 재우지도 않고, 왜 그랬냐고 말씀하실 때 놀라고 당황했다. 열심히 노력했고 대견하다는 그 말 한마디가 듣고 싶었는데, 너무 큰 욕심이었나 보다. 제가 바란 것은 그게 아니라고 말씀드릴 수도 있었지만, 늘 그렇듯 혼자 속으로 삭였다.

그 모든 시간이 헛수고로 돌아가는 느낌이었다. 아이를 위해 쏟은 노력이 아무것도 아니란 생각이 드니 허망했다. 나란 존재가 한없이 작아지고, 보잘것없게 느껴졌다. 어떡하든 꺼지지 않게 지켜온 희망의 불씨마저 나를 외면한 것 같았다. 열심히 키워봤자 뭐하나, 잘 키우지도 못할 텐데, 이러려고 엄마가 됐나 깊은 회의감이 들었다. 다행인 건 깊은 우울감에 휩싸여도 아이들은 엄마가 우울하게 시간을 보내도록 놔두질 않았다. 내 옆에서 아무 조건 없이 나를 보며 웃어준 아이들이 버티게 해주었기에 정말 고맙다. 사회생활이었다면 도망쳤을 텐데, 애써 그 고통을 외면하고 살았을 텐데 아이들 덕분에 그럴 수 없었다.

도대체 나는 무엇을 위해 아이에게 올인했을까? 아무런 대가 없이 순수하게 아기가 행복하고 건강하기만을 바라며 헌신했을까? 당연히 귀한 생명에 대한 책임감을 갖고 키워야 하는 데 마음 깊은 곳에서는 육아도 성공하고 싶었다. 아이를 보기만 해도 행복하지만, 아이가 남들과는 다른 무언가를 해 보일 때 더 기뻐했다. 조금이라도 발달이 느리고, 마음처럼 따라주지 않으면 마치 나의 실패인 듯 화를 내고 자책했다. 타인의 평가에 성패가 달려있다는 게 문제였다. 육아서에서 말한 대로 흘러가면 좋겠지만 그 안에는 우리 아이들의 기질과 속도가 빠져있었다. 남편이,

가족이, 주변 사람들이, 지도교수님이 지지해주고, 인정해주면 더없이 좋겠지만 가장 중요한 '나'가 빠져있었다. 남들이 뭐라든 나 자신이 안정감을 찾고 내면의 목소리를 들었어야 했다.

어디서 많이 듣던 소리

지난날을 돌아보면, 나는 대인관계에서 자신감이 없었다. 충분한 자존감을 갖지 못한 이유를 찾자면 어릴 적 나를 있는 그대로 수용해주시지 않은 부모님의 반응이 가장 큰 원인이다. 학교에서 선생님들이 나를 인정해주지 않더라도 부모님께서 환호하고, 반겨주셨다면 괜찮았을 것이다. 하지만 내 부모님은 그렇게 하지 못하셨다. 내가 우리 아이들에게 마음만큼 해주지 못해 헤매듯 말이다. 6남매의 둘째로 자란 아버지, 7남매의 넷째로 자란 어머니 두 분 모두 유독 말수가 적고, 착한아이 컴플렉스로 희생하신 편이었다. 내 기억으로 아빠는 늘 주눅 들어 있고, 남들과 비교하며 화를 내셨고, 엄마는 우울하셨다. 그때는 우리 집뿐만 아니라, 대부분의 부모님이 먹고사는 문제에 급급해 아이들의 마음까지 챙길 여력이 없으셨다. 시대적으로 죽음의 공포, 배고픔의 두려움, 사회적인 불안 등의 상처를 고스란히 겪으셨으리라. 머리로는 충분히 이해한다. 문제는 아무것도 몰랐던 어린 시절에 받은 상처를 내면아이가 마음속에서 잊지 못한다는 것이다. 어린 시절 부모님과 지냈던 내 모습이 여전히 마음속에 살아있다. 예전엔 자주, 지금은 가끔씩 걸림돌에 걸려 넘어졌다.

귓가에 들리는 소름 끼치는 목소리

아이가 실수하거나 화나게 해서 혼내는데 어느 순간 귓가에서 들려오는 목소리에 소름 끼치도록 깜짝 놀랄 때가 있다.

"너 누가 이렇게 하래? 빨리 안 해? 셋 센다. 하나, 둘, 셋. 그래도 안 움직이지?"

"엄마가 하지 말랬지? 왜 다 네 마음대로만 해? 못됐어, 진짜."

아직 이성의 힘이 있으면 이 소리를 입 밖으로 내기 전에 멈추지만, 이성이고 나발이고 없을 때는 아이에게 똑같이 내뱉었다. 내 목소리로 토씨 하나 안 틀리고, 이 말이 입 밖으로 나왔다. 어디서 많이 듣던 소리인데, 내가 어릴 적 엄마에게 듣던 말인데, 그때 그 말이 너무 듣기 싫었는데, 사랑하는 아이에게 나도 똑같이 하다니. 다 잊은 줄 알았는데, 엄마가 되어서 어릴 적 내가 받은 대로 내 아이에게 그대로 하고 있다. 아이는 오만상을 찌푸리며 악마가 된 나를 피해 눈을 아래로 깔고, 울음을 삼킨다. 두세 살밖에 안 된 어린 아기에게도 나는 그랬다. 지금 생각하면 아직 저 하고 싶은 대로 하는 순진하고 작은 아기일 뿐인데 받아줄 품이 좁았다. 빨리 가야 하는데 안 가겠다고 길에서 누워 발버둥 치는 아이, 화장실에 들르자고 해도 말을 안 듣더니 옷에다 쉬를 해버리는 아이, 밤에 실수를 해서 자다 말고 일어나 이불을 완전히 갈게 만드는 아이, 이불과 벽에 잔뜩 낙서해놓는 아이, 밥 안 먹겠다며 입을 꾹 다무는 아이, 1

년 내내 같은 옷만 입겠다고 고집하는 아이, 바닥에 우유와 물을 다 쏟아 붓는 아이, 더운 날에도 내복을 입겠다고 실랑이하는 아이, 목욕할 때마다 자지러지며 머리 안 감겠다고 버티는 아이. 무법자의 시기이다 보니, 엄마가 더 참고, 양보하고, 내려놓아야 편하다는 걸 알면서도 감정 조절이 되지 않았다.

상처받은 내면아이

해결해야 했다. 육아서를 닥치는 대로 섭렵하면서 '내면아이'라는 개념에 눈이 번쩍 뜨였다. 존 브래드 쇼의《상처받은 내면아이 치유》에서는 내면아이란 어릴 때 채워지지 않은 욕구와 감정의 상처를 눈에 보이게 구체적으로 표현한 말이라고 정의한다. 어린 시절 부모님이나 주변 사람들에게 받은 상처를 아이의 행동이 건드린다. 이성적으로 판단하여 훈육하고 싶어도 감정적으로 폭발한다. 나의 내면아이를 파헤칠수록 엄마, 아빠가 참 원망스러웠다. 정신적으로 건강한 사람들은 이런 어려움 없이 아이를 건강하게 잘 키우는데 나는 어린 시절을 어둡게 지냈고 아이를 잘 키워보려고 해도 이 고생을 해야 한단 사실에 허무해지고 분노했다. 출발선이 다르다는 것은 불공평했다. 죽자 살자 노력해도 그들의 발톱만도 못하리라는 생각이 들어 더 우울했다.

첫째가 30개월쯤에 남편 없이 친정식구와 여행을 떠났다. 친정식구가 완전체로 모였다. 숲속에서 좋은 공기도 실컷 마시고 맛있는 것도 먹고 즐거운 시간이었다. 그런데 밤에 잘 준비를 할 때였다. 한창 떼쓰는 나이였던 첫째는 화장실에서 볼일을 보면 휴지를 다 풀었다 다시 감고 변기의 물 내리는 손잡이를 꼭 자신이 내리려고 했다. 불행히도 펜션 화장실의 변기 손잡이는 아이 힘으로 눌리지 않았다. 정말 피하고 싶은 순간이 왔다. 아무리 눌러도 안 되는데 도와주겠다니 저 혼자 한다고 난리를 치고, 휴지는 휴지대로 다 풀어 젖히고, 30분 가까이 실랑이가 벌어졌다. 아이는 얼굴이 시뻘게지도록 울고불고, 소리 질렀다. 참다 참다 그만하라고 언성을 높였지만 아이는 진정이 되지 않았다. 아이와 싸우는 소리를 옆에서 듣기가 얼마나 고역인지 안다. 방에서 듣다 못 한 아빠가 나와서 화를 내셨다. 아이 좀 잘 달래서 나오지 왜 아이를 힘들게 하냐고. 고등학교 이후로 내게 화를 내신 게 처음이었다. 그 말씀에 나도 소리를 지르며 대들었다.

"그러게 아빠가 우리 좀 잘 키우지. 그랬으면 나도 안 이럴 거 아냐. 좀 잘 키우지, 왜 화내고, 소리 질러서 키웠어. 왜, 왜, 왜!"

아빠는 아무 말씀 못 하시고 방으로 들어가셨다. 거실에 있던 엄마, 동생들도 조용해졌다. 즐거웠던 여행의 분위기가 차갑게 가라앉고 나서야 아이도 우는 엄마를 보며 안겼다. 밤에 잠을 설쳤다. 내일 아빠 얼굴을 어떻게 봐야 하나 죄송했고, 내가 한심했지만 후회해도 이미 엎질러진 물이었다. 새벽에 아빠가 밖으로 나가셨다. 화가 나서 안 돌아오시면 어쩌나 했는데 1시간가량 산책하고 돌아와 식탁에 앉아 맥주캔을 하나 따셨다.

"아빠, 어제는 제가 잘못했어요. 죄송해요. 아이가 요즘에 고집을 부리는데 도저히 말릴 수가 없어요. 속상하셨죠?"

"괜찮다. 네가 고생이지."

아빠는 아침부터 맥주를 마시며 속을 달래셨다. 밤에 있었던 일은 더 이상 말씀 안 하시고, 나와 아이를 챙겨주셨다. 나도 아빠에게 하고 싶은 말이 더 있었지만, 차마 꺼내지 못했다.

이제야 '외로웠던 나'가 보였다

내 아이가 나중에 커서 나도 아이에게 이런 이야기를 듣는다면 어떨까? 아이 키우기 훨씬 더 편한 환경에서도 내가 상처받은 대로 똑같이 되풀이하면서 부모님만 원망하는 게 맞을까? 원인 제공자라며 부모님을 탓하고 미워하는 일은 나에게 전혀 도움이 되지 않는다. 부모님도 세월과 함께 변하셨듯이 나도 변했고 성장하고 있다.

상담 장면에서 많은 분들의 내면아이를 만난다. 도박중독자인 아버지 때문에 밤마다 두려움에 떨었지만 다른 사람이 모르게 비밀을 지켜야 했던 아이. 어려서 엄마가 돌아가셨는데 어른들의 판단대로 마지막 인사를 나누지 못해 속으로 울음을 삼켜온 아이. 남들이 부러워할 만큼 물질적으로 풍요로웠지만 온갖 학대를 당하며 지낸 아이. 언제나 집에서 혼자 엄마가 오기만을 기다려야 했던 아이. 사별로 젊은 나이에 혼자가 된 엄마를 위해 어떤 불평도 하지 않고 부정적인 감정을 억누르며 살았던 아이. 이기적인 아이라 믿으며 사람들에게서 자신을 소외시키고, 인정받고 싶었지만 성공이 내 것일 리 없다며 늘 불안하게 살아온 나의 내면아이까지. 눈에 보이지는 않지만 각자의 마음속에 내면아이가 있어 다른 사람들이 이해하기 어려운 행동으로 나타난다. 사소한 것에 마음 상하거나 목숨 걸고 싸우기도 한다. 그 아이를 이제 어른이 된 내가 안아줄 수 있다. 그 아이의 울부짖음과 하고 싶은 이야기를 들으며 토닥이는 것으로 시작한다.

"많이 아팠구나. 혼자란 생각에 외로웠구나. 이제 괜찮아. 네 잘못이 아니었단다. 네 옆에 내가 있단다. 언제나 너를 사랑하고, 아껴주고, 지켜줄 내가 있단다."

어딘가 행복해 보이지 않는 아이들

어떻게 보면 어른들 마음속에 있는 내면아이가 현재 우리 아이들 모습일 것이다. 아이들이 겪는 지금이 훗날 아이들의 내면아이로 남는다. 아이들을 보면 화가 나도 금세 잊고 떠드는 것 같고, 별로 대수롭지 않게 생각하는 것 같지만 그렇지 않다. 그들의 기억 속에 삶의 퍼즐 조각이 하나하나 맞춰지는 중이다. 행복하고, 존중받은 경험이냐, 외롭고 수치심이 가득한 경험이냐에 따라 자존감이란 기둥이 세워진다. 자존감은 자신이 사랑받을 가치가 있는 소중한 존재이고 어떤 성과를 이루어낼 유능한 사람이라고 믿는 마음이다. 자존감이 형성되는 데 다양한 요소가 있겠지만, 그중에서도 어린 시절 부모와의 관계, 삶의 경험이 큰 영향을 미친다.

마음이 다친 아이들

내가 상담실에서 만나는 아이들은 특별한 문제를 갖고 있지 않다. 행동의 양상이나 정도 차이는 있지만 주변에서 흔히 볼 수 있는 아이들이다. 말은 안 하지만, 짜증 내고, 화내고, 친구들과 어울리지 못하고, 의기소침하고, 어딘가 모르게 행복해 보이지 않는 아이들. 유아부터 초, 중, 고등학생까지 연령도 다양하다. 처음에는 긴장하거나 기대감 없는 얼굴로 만난다. 여기서 또 뭘 하라는 건가 싶은 표정에 웃음기도 없고, 앞에 앉은 선생님과 단둘이 있는 걸 서먹해한다. 시간이 지나면서 아이들이 자기 감정을 알아차리고, 공감받으며 마음속에 감춰둔 이야기를 슬슬 꺼낸다. 스스로 생기를 드러내고, 언제 그랬냐는 듯 일상과 대인관계에서 균형을 잡아간다. 성인 상담은 기간도 오래 걸리고, 변화하기까지 노력도 눈물겹다. 이미 굳어진 고정관념과 익숙해진 습관을 바꾸기까지는 수련하듯 큰 다짐이 필요하다. 그에 비해 아동은 상담 기간도 짧고, 길을 찾아가는 노력이 즐거워 보이기까지 한다. 보물섬을 발견하기 위해 지도를 들고, 고난과 역경을 모험심으로 헤치며 보물을 발견하는 기쁨을 느끼듯이. 물론 개인차도 있고 부모님이 적극적으로 협조할 때 더 빛을 발한다.

미진이는 초등학교 1학년 때부터 1년가량 상담실에서 만났다. 바쁜 부모님 대신해서 외할머니 손에 자라다가 남동생이 태어난 4살부터 부모님과 함께 살게 되었다. 미진이는 몸이 약하고, 화를 잘 내시는 외할머니 밑에서 사랑받지 못하고 자랐다. 다시 부모님과 지내면서 사랑받을 기회가 생겼지만 엄마의 관심은 온통 남동생 차지가 되었다. 한창 자기주장 강하고 고집 센 미운 4살 미진이는 부모님께 천덕꾸러기가 되었고,

계속 엇나가면서 소통이 잘 이루어지지 않았다. 눈도 잘 맞추지 않고, 상대방을 생각하지 않고 말하며, 행동이 부산해서 처음 하려던 일을 완수하기도 어려웠다. 특히, 물건에 집착이 강해서 동생과 똑같이 선물을 받아도 다 갖고 싶다며 빼앗고, 사달라고 떼쓰기 일쑤였다. 미진이와 안정적인 관계를 맺기까지 6달 가까이 걸렸다. 아이는 상담 선생님도 자신을 사랑해주지 않으리라 믿고 마음을 열지 않았다. 어떤 날은 미술작업을 하며 색모래 가루를 바닥에 슬쩍 뿌리기도 하고, 밀가루를 내 몸에 던지기도 했다. 아이의 행동이 산만해서 나온 실수일 수 있지만, 상대방이 어떤 반응을 보이나 실험하는 장면이기도 했다. 이때 부모님과 똑같은 반응을 보이지 않고, 화가 나는 감정을 말해주고, 잘못한 점은 인정하며, 해결해가는 과정을 반복하자 미진이가 마음을 조금씩 열어줬다. 그전까지 가족에 대해 한마디도 하지 않았는데 일상에서 겪은 일을 이야기하고, 감정을 표현했다. 부모님은 나를 사랑하지 않는다거나 엄마 때문에 화가 났던 일을 털어놓으며 엄마가 알면 큰일 난다고 덧붙이기도 했다. 엄마도 사랑받지 못하고 자라서 표현을 잘 못 하시는 분이었다. 표현방식이 옷, 선물, 체험, 사교육 중심이었다. 부모상담으로 동생에게 하듯이 애정표현을 하려고 노력하신다는 걸 알고 아이에게 엄마의 마음을 전해주었다. 그러면 아이는 이렇게 말했다.

"절대 아니에요. 우리 엄마는 나에게 화를 내려고 노력하는 사람 같아요."

미진이가 9년을 살아오면서 행복하고 사랑받은 기억보다 화내고 소리 지르는 무서운 엄마의 모습을 더 잘 기억한다는 말에 가슴이 아팠다. 우리 아이들 생각이 나면서 뜨끔해지기도 했다. 엄마라는 이름으로 아이

위에 군림하면서 내 딴에 사랑을 주었다고, 노력할 만큼 했다고 합리화하고 있지는 않았을까. 아이들은 엄마의 마음을 귀신처럼 다 안다.

옆에 있어 주는 한 사람

초등학교 3학년 남자아이 성우는 첫 면담에서 시선을 아래로만 향하고, 인상을 쓰며, 대답도 단답형으로 필요한 말 이상은 하지 않았다. 원래 활달하고, 넉살도 좋은 아이였는데 같은 반에 친구도 없고 사람들과의 관계를 아예 차단해버리고 종일 스마트폰으로 게임만 하고 있었다. 부모님 사이가 좋지 않았는데 작년엔 최악이었다고 한다. 아빠가 뭐든지 자기 하고 싶은 대로 하는 편이라 성우는 아빠에게 꼼짝을 못한다.

상담시간에 아이와 함께 보드게임을 하며 친해졌다. 깔깔깔 소리 내 웃으며 아이 몸의 긴장도 풀렸다. 인형으로 역할놀이를 할 때 성우가 아빠에 대한 마음을 표현하기 시작했다. 인형으로 아빠가 밉고 화가 났던 마음이 나오고, 에너지가 올라갔다. 그동안 상담을 거부하셨던 아빠가 바쁜 엄마를 대신해서 다행히 부모상담 시간에 들어오신 적이 있다. 성우가 아빠와 가까워지고 싶어 한다는 얘길 들으신 후 변화가 생겼다. 아빠가 친근한 말투로 대하고, 장난도 치면서 아이에게 친구가 되어주려고 노력하니까 점차 아빠를 무서워하고, 두려워하는 마음이 사라졌다. 부모님 때문에 마음이 다치고 닫혔지만 아이는 그 누구보다 부모님을 통해 가장 빨리 치유되고, 안정감을 찾았다.

상담 후반에 폭풍우 속의 배를 주제로 그림을 그렸다. 물건들이 다 날아가고, 휘청이는 큰 배를 그리고, 마지막에 사다리와 구조선을 그리며,

배 안의 사람들이 모두 구조된다고 이야기했다. 구조선을 그리는 순간은 평생 잊지 못할 만큼 감동적이었다. 아이와 부모님이 함께 폭풍우 속을 뚫고 서로 도와서 구조된 듯, 함께 그 고비를 넘었다. 말로 표현 안 해도 아이는 다 안다. 가슴 속에서 느끼고, 담아간다. 그렇게 커 간다.

가정은 물론이고, 학교나 학원, 길거리에서 아이들에게 쉽게 야단치고, 망신 주는 일이 많다. 항상 아이의 바리케이드가 되어 막아줄 수도 없고, 그럴 필요도 없다. 일주일에 한 번, 50분씩 상담자 한 사람에게 받은 힘으로도 아이들이 살아난다. 아이를 있는 그대로 보고, 기분을 알아주고, 생각을 들어주는 한 사람이 굳건히 있으면 아이가 스스로 건강한 성벽을 만들어간다. 엄마가 그 한 사람이라면 얼마나 좋을까.

상담실에서 눈물 흘리는 엄마들

나도 아이에게 그 한사람이 되어주길 간절히 바랐다. 나에게도 그 튼튼한 성벽이 필요했다. 상담실에서는 안전한 관계 속에서 나의 강점을 발휘할 수 있고, 계속해서 상담을 받으며 나를 훈련하는 과정을 거쳐왔다. 어찌 보면 관계를 두려워하는 내게 가장 어려운 직업을 택한 것이다. 튼튼한 성벽을 만들며 마음이 건강해지도록 노력해왔다. 그러나 결혼과 육아는 내 자만을 무참히 박살 냈다. 가족이라는 테두리 안에서 나와 다를 수밖에 없는 사람들과 생활하며 나조차 알지 못했던 내 모습이 속속들이 드러났다.

결혼하면 행복하게만 살 줄 알았다. 육아의 어려움을 예상 못했듯이 부모님의 갈등을 보고 자랐으면서도 결혼생활의 갈등을 짐작 못 했다. 크고 작은 일에서 부딪치고, 각자 이해할 수 없는 상황으로 싸우고, 감정의 골이 점점 깊어졌다. 각자 익숙한 시댁과 처가의 가족 문화에 적응하는 데도 시간이 걸렸다. 서로의 장단점을 있는 그대로 인정하는 건 최근에서야 가능해졌다. 현재도 조금씩 조율하고 있다.

관계, 늘 어려운 이름

육아는 완전히 다른 차원이었다. 대등한 관계가 아니라 책임지는 관계로 출발한다. 내가 끝내고 싶다고 끝낼 수 있는 관계도 아니다. 내가 넉넉히 성장해 있어야 아이를 품으며 갈 수 있다. 육아를 하며 나의 바닥이 자주 드러나, 당황스러웠다. 남편과의 관계도 안정적이지 않았기에 아이들에게 그 화가 돌아갈 때도 있었다. 원인제공자이면서도 아이가 나 때문에 고생하는 모습은 참기 힘들다.

상담실에서 눈물 흘리는 엄마들을 자주 본다. 아동 상담에 동반하는 부모님 상담 시간은 보통 10분으로 짧은데 자녀 이야기를 하며 참았던 눈물을 쏟아내신다. 종결 회기에 엄마의 공동참여로 진행하는 경우가 가끔 있다. 엄마 마음을 잘 모르는 아이에게 마음을 전달하는 기회가 필요할 때에 유용하다. 감정표현에 인색한 무뚝뚝한 엄마도 아이에게 쓴 편지를 읽어주면서 눈물을 흘린다. 아이는 그런 엄마를 보며 놀라다가도 금세 엄마 마음을 알아차린다. 엄마도 외로웠다. 아이에게 진심을 전하지 못하고, 속으로만 삼킨 시간들. 어떻게 전해야 하는지 몰랐고, 먹고살기 바빠서, 하루하루 일에 휩쓸려 뒤로 미뤄둔 마음들이다. 말 안 해도 알겠지 하는 사이에 아이는 엄마의 마음도 모르고 어른이 되어간다.

상담실에서 초등학교 3학년인 서영이를 만났다. 한눈에 보기에도 눈치를 살피며 움츠러들고, 두려워하는 아이였다. 외동아이라 집에 오면 혼자 스마트폰만 들여다보고, 학교에서도 친구는 없었다. 일 년 전 이혼

한 엄마는 아빠와 사이가 안 좋을 때 아이에게 화를 폭발하고, 체벌하거나 욕하는 등 폭력적인 행동을 하셨다. 천만 다행히 엄마가 자기 잘못을 깨닫고, 본인도 상담을 받으면서 서영이를 살리려고 노력하셨다. 엄마의 변화로 서영이는 달라지는 속도가 무척 빨랐다. 엄마가 마음을 열자 서영이도 꽁꽁 잠가놓은 자물쇠를 풀 듯 속상하고, 아프고, 분노하던 마음을 눈물과 함께 풀어놓았다. 그후 서영이는 목소리도 커지고, 얼굴에서 웃음이 떠나질 않았다. 학교에서는 친구들에게 먼저 다가갔다. 몇 년 간의 상처가 두세 달 사이에 다 치유될 수는 없다. 친구관계도 처음이라 삐걱대고, 집에서도 마음에 드는 행동만 하지도 않는다. 하지만 무조건 참기만 하던 서영이가 상대방에게 자기 욕구를 말하고 조율하며 세상을 향해 나오고 있다. 마지막 회기에 엄마와 공동작업을 했다. 만들기도 하고, 편지를 쓰고 읽어주면서 엄마는 옛날 생각이 난다고 하셨다. 아이를 많이 사랑해주던 때, 아이와 그림 그리고 색칠도 하며 도란도란 이야기 나누던 장면이었다. 주체가 안 될 만큼 눈물을 흘리셨고, 옆에서 바라보던 서영이도 함께 울었다. 슬픔도 있지만, 그 안에 어떤 말로도 표현할 수 없을 진심이 담겨 있었다. 엄마는 미안한 마음, 사랑하는 마음을 서영이에게 보여주셨다.

눈물에 담긴 진짜 마음

엄마들을 위한 집단상담을 할 때 영유아 엄마들이 육아에 지치고, 힘든 마음으로 오신다면 사춘기 자녀의 엄마는 아이에게 상처를 받거나 미안해서 눈물을 흘리신다. 말도 잘 듣고, 하라면 하라는 대로 하던 아이들이 초등학교 4~5학년이 되면서 돌변해버린다. 하는 말마다 불만에 가득 찬 얼굴로 대꾸하고, 예민해져서 짜증만 내고, 쳐다보는 눈빛이 달라지고, 잘 웃지 않는다. 엄마 옆에 와서 재잘거리던 아이가 방에만 들어가버리니 말 한번 건네기가 무섭다. 말싸움이라도 붙으면 그럴 만한 일이 아니었는데도 서로 감정이 상해서 마음에 없던, 생채기 내는 막말까지 쏟아낸다.

"엄마도 잘 못 하면서 왜 나한테만 그래?"

"싫어, 안 해, 내 마음이야."

혼이 나면 눈물만 뚝뚝 흘리거나 딴짓을 하며 넘기던 아이가 이젠 반격한다. 객관적으로 평가해서 억울하거나 공정하지 못했던 처사, 인간인지라 실수했던 일들을 콕 집어내며 대들 때는 흠칫 놀란다. 어디서 배운 말버릇이냐며 부모라는 이름의 힘으로 누르면서도 어딘가 석연치 않다. 아이 마음엔 억울함만 쌓여간다. 아예 입을 닫아버리는 아이들도 있다.

집단상담 첫날, 5학년 딸을 둔 엄마가 아이와 자신이 고무줄을 양쪽에서 팽팽하게 잡고 있는 모습을 그리셨다. 먼저 놓는 쪽에서 상대방에게 상처를 준다고 웃으면서 재밌게 이야기하셨다. 그런데 인형을 골라 딸에게 하고 싶은 말을 해보라고 하자 아무 말 못 하고 눈물을 흘리며 미안하다고 하셨다. 일관성 있게 대하지 못하고, 기분에 따라 아이에게 함부로 대한 게 미안하다고. 다시 한번 아이에게 이야기하고 싶은 것을 표현해보라고 권했다.

"미안해. 엄마도 그러고 싶지 않은데 자꾸 또 그러네. 엄마도 방법을 잘 몰라서 그래. 너의 변화에 엄마도 많이 놀라고 화가 났어. 네 마음을 몰라줘서 미안해."

아이가 하고 싶은 대로 해도 되는데 너무 본인 생각대로만 하게 했다고 후회했다. 이후, 상담을 마칠 때까지 아이에 대한 마음을 내려놓고, 자신이 좋아하던 취미를 찾고, 자신에게 에너지를 집중하는 것으로 아이와의 관계가 편해졌다.

우리는 가장 가까운 사이면서도 서로의 진심을 모르고 지낸다. 말 안 해도 알겠지 하는 생각은 큰 착각이다. 나도 엄마가 되고 40살을 바라보며 부모님의 심정을 깨달았다. 부모님이 나빠서 상처 주는 행동을 한 게 아님을, 가정을 일구고 생명을 키워가는 무게가 절대 만만치 않음을 이제야 알았다. 나 역시 엄마로 살며 참 많이도 울었다. 내 상황 몰라주고 속상해서, 나만 지치고 힘든 것 같아 억울해서, 도대체 어찌해야 할지 몰라 답답해서, 아이가 자기 하고 싶은 대로만 하려고 드니 화가 나서, 안쓰러운 마음에 미안해서, 이런 내가 싫어서 울었다. 눈물이 마음속 많은 이야기를 보여준다.

다시 시작이다,
엄마이기에

책 읽기만을 살길로 여겨오던 내가 집착을 내려놓았다. 아이를 위해 내려놓은 게 아니라 포기였다. 첫째에게 책을 읽어주려 하면 둘째가 기어와서 방해하고, 둘째에게 읽어주면 첫째가 자기도 읽어달라고 하며 싸움이 되었다. 읽어줘도 소용없는 짓을 왜 하고 있나 싶어 때려치웠다. 밤마다 눈에 불을 켜고 들여다보던 책 관련 사이트도 다 지워버렸다. 에라 모르겠다. 여기까지 최선을 다했으니 그만하고 싶었다. 될 대로 대란 식이었다. 내 진짜 마음에서는 도망쳤다. 아이에게서 아무런 성과가 보이지 않는데 '우리 아이가 28개월에 한글을 뗐어요' '우리 아이가 책으로만 읽어서 영어를 자유자재로 구사해요'라고 올리는 다른 사람들 글을 보면 괴로웠다. '너는 그것밖에 안 돼, 너는 역시 안 돼'라고 말하는 것 같아서.

책이 나쁘다는 게 아니라 책을 읽어줄 때는 엄마의 욕심을 내려놓아야 한다. 책으로 아이와 교감하며, 사랑을 전해주고, 지식을 알려줘야 한다. 그래야 아이들이 진정한 내면의 힘을 키우고, 몰입하며, 놀라운 능력을 발휘한다. 사교육도 나쁜 것만이 아니다. 아이가 좋아하고 배우기 원하는 것을 배울 때는 배움에 날개를 달아준다. 엄마의 욕심으로 아이의 의견은 무시한 채 강제적으로 하면 있던 날개마저 꺾인다. 카톡, 블로그, 페이스북 등 SNS를 하며 다른 사람과 비교하고, 우울해지는 문제도 그렇다. 내면이 건강하면 SNS를 활용해 사람들과 소통하며 긍정적인 기분을 높이고, 삶을 풍요롭게 할 수 있다. 자존감이 낮아 남들과 비교하며 자신을 초라하게 느낄 때는 SNS로 보여주는 데 집착하거나 우울감이 높아진다.

육아도 비슷하다. 엄마의 내면이 건강하면 책을 읽어주거나, 함께하는 시간이 아이에게 조건 없는 사랑으로 힘을 얻는 기회가 된다. 나처럼 엄마의 내면에 걸린 조건이 많다면, 아이에게 무리하게 기대하고, 결과에 집착하게 된다. 나도 겉으로는 욕심 없다며 손사래를 쳤지만 경제력을 무시한 채 책을 구입했고 한글과 영어 배우기에 심하게 집착했다. 우리 아이와 다른 아이들을 비교하며 천당과 지옥을 왔다 갔다 했다. 책, 사교육 자체가 문제라기보다 아이들에게 어떤 마음으로 함께 해주느냐가 핵심이다.

움켜쥔 손을 펴자 숨이 쉬어졌다

핑계를 대서라도 집착을 내려놓으니 얼마간은 허탈하다가 오히려 편해졌다. 책을 안 읽어주면 큰일 날 줄 알았는데 아무 일도 없었다. 책 읽기로 나와 아이들을 괴롭히기보다 '됐어, 안 읽어도 괜찮아' 하니 먹구름이 걷힌 느낌이었다. 그동안 들인 노력이 허사로 돌아갔다지만 그때부터 숨이 쉬어졌다. 내 욕심껏 따라주지 않는 아이들을 원망할 필요도 없었다. 놓는 순간은 아팠고, 절망했다. 며칠을 멍하니 보냈다. 하지만 절대 놓치면 안 된다고 생각해서 꽉 움켜쥐던 것을 놓아도 세상은 무너지지 않고, 다시 또 굴러간다. 아이들이 바보가 되거나, 내가 비난받거나, 나쁜 엄마가 되지도 않았다.

한번 크게 내려놓았다고 해서 인생이 또 크게 달라지지 않는다. 절대 공짜는 없다. 다시 나에게 공이 왔을 때, 어떤 마음으로 그 공을 잡고 놀지 고민하고, 성찰하고, 노력해야 실패를 반복하지 않고, 성장한다.

> '인생의 진짜 승부는 바로 이 대목에서 갈린다. 어떤 이들은 장애물 앞에서 쉽게 굴복하고 포기한다. 다른 이들은 당장 방법이 없는 것처럼 보여도 절대로 포기하지 않고 뭔가 다른 길이 있으리라 믿고 찾아나선다. 큰 장벽이 갑자기 튀어나와 너무 힘들고 괴로울 때, 이것을 계속하는 것이 내 인생에 무슨 큰 도움이 될까 하는 부정적인 생각이 나를 엄습할 때, 바로 그때 내가 어떤 선택을 하느냐가 남은 인생의 모습을 결정한다.
> 나 스스로 나를 어떻게 보느냐가 인생을 결정한다. 지금 내가 알고 있는 내 모습이 부정적이라면, 그것은 온전한 내 모습이 아니다. 그동안 겪어온 온갖 경험과 기억이 나를 그렇게 생각하도록 만들었을 뿐이다. 과거의 경험과 기억이 현재의 나에게 부정적인 영향을 미치도록 용납해서는 안 된다. 지금부터는 내가 선택할 수 있다. 내 생각, 내 태도, 내 언어, 내 행동을 말이다. 지금부터 선택한 그 모습이 내 미래를 새롭게 만들어줄 것이다.'
>
> (《마지막 1% 정성》, 송수용, 멘토르(2013), p.260, p.267)

나를 괴롭히는 부정적인 생각 대신에 마음치유를 위해 노력했다. '아이들을 어떻게 키워내겠다'가 아니라 내가 온전히 성장하며 아이들과 함께 자라겠다는 의지였다. 한번 내면을 치유했다고 끝이 아니다. 마음은 언제나 변할 수 있기 때문에 매일 샤워하고, 이를 닦듯이 상태를 알아차리고, 중심을 잡을 수 있도록 정성을 들이는 시간이 필요하다.

지금, 여기가 최선

육아서가 아닌 책들을 읽고, 상담을 받고, 명상, 나눔도 하였다. 육아 주제가 아닌 인생을 주제로 하는 강의와 활동들을 찾아다녔다. 꼭 성공해야겠단 생각보다는 중심을 잡고 자연스레 나에게 온 것들을 선택하다 보니 꼬리에 꼬리를 물고 새로운 인연이 이어졌다. 이 책도 그 과정에서 쓰는 것이다. 마음속에서만 열망하던 일이 하나씩 이루어지는 환희를 맛보고 있다.

무엇보다 아이들이 잘 자라고 있다. 나는 여전히 퉁탕대고 소리치지만, 아이들 모습 그대로 바라보고, 인정하려고 노력한다. 아직도 아이들에게 화내고, 야단치고, 사과하지만 첫째의 사춘기 조짐에 또 거대한 변화의 흐름을 짐작하고, 준비하는 엄마다. 첫째와는 또 다른 인격임을 적극적으로 보여주는 둘째를 보며 가슴을 쓸어내리는 엄마다. 이런 삶을 감사하게 받아들이고, 아이와 함께할 미래를 기대하는 엄마이기도 하다. 아이들이 원하는 것을 하도록 응원하고, 지지해주며, 어려움도 옆에서 같이 겪고 느끼며 자신의 힘을 발견하도록 심혈을 기울인다. 남편과도 크고 작은 소용돌이 속에서 서로를 인정하고, 맞춰가며 안정을 찾고 있다. 어떻다고 완벽하게 말할 수 없다. 우리 가족은 다가올 변화에 맞서 중심 잡는 힘을 차곡차곡 쌓아가고 있다. 현재진행형이다.

첫째가 어렸을 때부터 이랬다면 좋았겠지만 인생에는 순리와 때가 있다. 후회하기보다 지금 이 순간이라도 알아차리고, 변화를 시작하는 게 최선이다. 지금의 고통을 대면하고, 어떤 길을 가고 싶은지 선택하는 것이 현명하다. 아픔이 있었기에 내게 온 절호의 찬스를 선물로 받는 날도 온다.

쉼표 그리는 시간

내면의 나를 알아차리고 만나는 시간입니다. 읽으면서 떠오른 자신의 모습을 글이나 그림으로 돌아보는 시간을 가져보세요. 작성한 다음에는 따듯하게 바라보면서 자신과 이야기 나누는 시간이 필요합니다.

잊고 있었던 어린 시절의 '나', 그렇지만 언제나 내 안에 함께 있던 '나'를 만나며 나를 이해해주세요. 아무도 나를 사랑해주지 않는다고 생각하며 살아왔다면, 이제 내가 나를 따듯하게 안아줄 수 있습니다.

어린 시절 만나기

이번 시간에는 나의 어린 시절, 그 아이를 만나봅니다. 4~5살부터 중, 고등학생 때도 좋습니다. 자녀의 나이와 비슷한 시절을 떠올려도 좋습니다. 여러 장면이 떠올랐다면 가장 선명하게 떠오른 기억을 만나보겠습니다. 내 기억 안에 살고 있는 아이가 저기, 멀리 보입니다. 조금씩 가까이 다가가 보세요. 그 아이는 무엇을 하고 있나요? 누구와 함께 있나요? 아이의 기분은 어떤가요? 그 아이가 당신 눈에 어떻게 보이나요? 이제 아이의 옆으로 가 볼게요. 다른 사람들 눈에는 보이지 않지만, 아이는 당신을 볼 수 있습니다. 아이에게 다가가 인사하세요. 눈을 맞추고, 머리를 쓰다듬으며, 가장 먼저 어떤 말을 해주고 싶은가요? 그 아이를 보며 당신은 어떤 기분이 드나요? 그 아이가 원하는 것이 있나요? 채워지지 않은 것이 있다면 이제 당신이 해줄 수 있습니다. 그 아이의 마음을 가장 잘 아는 사람은 당신이니까요. 마지막으로 그 아이를 따듯하게 안아주며, 인사합니다. 그 아이를 마음에 담고, 점점 멀어집니다. 이제 잠시 눈을 감고, 1분 정도 이 장면을 만나봅니다.

눈을 뜨고 지금의 기분, 떠오른 장면 등을 자유롭게 그림 또는 글로 표현해보세요.

그림 또는 글로
표현해
보세요.

엄마,

자기치유

프로젝트

4

[지금, 여기(Here and Now)]

나를 온전히 살지 못하게 만드는 미해결 과제를 해결하는 방법은 어렵지 않습니다. 지금, 여기를 알아차리는 것입니다. 게슈탈트 심리상담 이론의 창시자인 프리츠 펄스는 미해결 과제를 찾기 위해 과거사를 꺼낼 이유가 없으며 지금 여기에 모든 것이 드러나고 있다고 했습니다. 미해결 과제는 끊임없이 관심을 받고자 해서 항상 지금 여기에 그 모습을 드러내므로 단지 그것을 회피하지 않고 알아차리기만 하면 접촉할 수 있어요. 굳게 닫혔던 문의 열쇠를 찾게 되는 순간이기도 하지요.

지금 여기에서의 기분, 욕구를 알아차리며 생생하게 자신을 만나는 것에 집중합니다. 외로움, 소외감을 늘 두려워하던 사람은 다른 사람들이 자신을 좋아하지 않는다며 불만만 늘어놓았습니다. 그러나 자신이 두려워하던 외로움을 알아차리면 현재의 자기 옆에 있는 사람들을 더 가깝게 만날 수 있습니다.

다시 시작하고 싶은 엄마들의 자기치유 프로젝트는 내가 내 마음을 사랑하는 것이 목표다. 피부관리, 손톱관리할 때 시간과 돈, 정성을 들이듯 마음도 시간과 정성을 들여야 사랑할 수 있다. 그래야 내가 나를 위로하고, 응원하게 된다. 다른 사람에게 위로받고, 사랑받아야만 한다고 생각해온 나는 욕구를 다 채우지 못해 늘 우울하고, 불행했다. 수많은 사람 중에 가장 중요한 사람은 '나'라고 생각을 전환해 내가 나를 인정하고, 바라봐 주면 사람들의 마음도 얻을 수 있다. 사람들이 나에게 주는 사랑과 관심을 흘려보내지 않고, 담을 수 있다. 마음에 차오르는 사랑으로 아이를 바라볼 수 있다.

지지

옆집 엄마 말고, 엄마친구들 만들기

첫째가 6살, 둘째가 9개월일 때, 동네 도서관 홈페이지에서 숲에 주 2회씩 놀러 가는 모임을 발견했다. 육아도 유행의 흐름이 있는데 이 무렵부터 숲유치원, 공동육아 등이 주목을 받았다. 숲에 가고 또래 친구들이 모여서 놀 수 있으니 딱이다 싶었는데, 모임이 이미 진행 중이어서 참여할 수 없었다.

4달쯤 지나 숲모임 2기를 모집하는 글을 보고 앞뒤 잴 것도 없이 바로 신청했다. 첫째는 유치원을 다니니 안 되고, 둘째는 돌쟁이인데 가능하면 참석하겠다고 메일을 보냈다. 너무 어려서 안 받아주면 어쩌나 걱정했는데 가능하다는 답에 환호를 지르며 모임 첫날을 기다렸다. '그래, 나도 숲으로 가보자. 대신 욕심은 놓아두고.'

모임의 대표엄마를 제외하고 3가족이 모였다. 주 2회씩 오전에 근처 산으로 가서 아이들과 노는 일정이었다. 한 달에 한 번은 집에 모여서 요리도 만들고, 절기에 맞춰 나름 행사도 준비하고, 아이들과 경험해보는 것이다.

드디어 숲으로 출발했다. 등산복, 등산화도 없이 아이를 업고, 간식 배낭을 챙겨 올라갔다. 몸은 힘들지만 단풍이 물든 숲으로 들어가니 마음이 들떴다. 아이는 온통 자연으로 둘러싸인 곳에서 위험한 게 아니면 만지고 싶은 대로 만지며 안정감을 느끼는 듯했다. 첫날 모임은 예상보다도 좋았다. 그런데 아이가 두 살이라 업거나 안고 있는 때가 절반은 되었다. 팔다리에 알이 배기고, 다가올 겨울은 어찌 버티나 걱정스러웠지만 애써 잡은 기회인 만큼 우선은 해보고 결정하기로 했다.

얼마 지나서 밤에 아이들을 남편에게 맡기고 엄마들끼리만 밤마실을 했다. 출산하고서 5년 동안 내가 사는 동네에서 밤에 외출해본 적이 한 번도 없었다. 얼마 만에 밤공기를 맡아보는지, 나에게도 이런 날이 오는구나. 아이들 잠시 두고, 학창시절로 돌아간 듯 수다 삼매경에 빠졌다. 집에 돌아가는 길은 시원한 밤공기처럼 내 마음도 뻥 뚫린 듯 시원했다. 밤마실을 계기로 엄마들이 먼저 친해졌고, 숲으로도 열심히 올라갔다.

우리를 품어준 숲

나뭇가지, 잎, 돌멩이 등이 널린 숲에서는 마음껏 놀 수 있다. 넓게 트인 공간에서 아이들도 곧잘 놀았고, 엄마들은 돗자리 깔아놓고 앉아서 기다리며 이야기 나누는 재미가 쏠쏠했다. 겨울에도 한파경보만 아니면 숲으로 갔다. 눈이 오면 비닐 포대를 들고 가서 나무들 사이를 헤치며 눈썰매도 탔다. 논밭에 얼려진 얼음썰매장도 갔다. 나 혼자서는 절대 아이들 데리고 할 수 없는 일들이었다. 첫째도 시간이 되면 같이 어울렸다. 봄에는 개구리알 탐험부터 시작하여 진달래꽃을 따서 화전도 부쳐보고, 쑥을 뜯어서 쑥버무리도 해서 먹었다. 비가 부슬부슬 내리면 우비 쓰고, 한적한 숲길을 걸었다. 여름이면 작은 계곡에서 몸을 담그며 물놀이를 했고, 가을이면 떨어진 낙엽들 속에 몸을 맡기고, 송편도 만들어 먹었다. 요령이 생겨서 두 번째 맞는 겨울에는 원터치 텐트로 추위를 피하고 옹기종기 붙어 앉아 추억을 쌓았다. 중간에 합류한 가족들도 생기며 모임 규모가 제법 늘고 더 체계가 잡혔다. 엄마들이 간식과 준비물 챙기느라 더 바빠졌지만 함께여서 신났고, 즐거웠다.

모임이 점점 커지면서 아쉽게도 계속 함께하지 못하게 되었다. 2년간 추억을 많이 쌓은 만큼 헤어지는 게 무척 속상했지만 다행히 5가족이 다시 뭉쳐 '감지덕지'란 모임을 만들었다. 2014년 여름부터 지금까지 7가족이 아이들의 소중한 유년시절을 함께해주었다. 숲에서 모이기를 기본으로 하되 각자의 의견을 반영해서 자연스럽고, 다양한 형태로 모였다. 엄마들이 너무 애쓰지 않고 편하게 만나는 것, 아이들이 자연스럽게 어울리도록 시간과 공간을 마련해주는 일을 중요하게 생각했다. 감지덕지의 첫 모임 때 맏언니들이 1학년이었고, 막내가 3살이었는데 벌써 5학년부터 7살에 이르는 아이들로 자랐다. 어린 동생들도 이제는 엄마들이 오붓하게 이야기를 나누도록 자기들끼리 알아서 잘 논다. 다 모이면 20명 가까운 대식구이지만 여행도 자주 가다 보니 일정, 식사, 놀이 분야로 나뉘어 매끄럽게 진행된다. 이렇게 되기까지 한 사람, 한 사람 마음을 다하고 정성을 들인 덕분이다.

엄마들뿐만 아니라 아이들 한 명, 한 명의 고유한 기질과 특성을 알게 된다. 어느 아이 하나, 같은 아이들이 없다. 자신의 씨앗을 키우기 위해

무던히도 애쓰며, 세상과 엄마의 방해 속에도 단단한 흙을 밀어내고 올라오는 새싹처럼 자라는 모습을 보았다. 아이 때문에 고민해도 엄마친구들이 함께 나눠주고, 응원해줘서 든든했다. 쉽게 하는 말이 아니었다. 긴 시간을 함께 보내며 아이를 지켜봤기에 내가 모르는 아이의 모습도 알려주는, 더 깊은 조언이었다.

'함께'라는 기쁨

작년에 둘째가 산에서 놀다가 진흙밭에 들어갔는데 발이 늪에 빠진 듯 쑥 들어갔다. 다행히 아이는 빠져나왔는데 신발 한쪽이 보이지 않았다. 엄마들과 아이들이 긴 나뭇가지를 총동원했지만 결국 수색에는 실패했다. 내 일처럼 발 벗고 나서주는 그 장면이 사진으로 남았다. 사진 속 심각한 얼굴들을 보면 미소가 번진다. 함께 한 시간만큼 척 하면 착 하고 알아듣고, 맞장구치며 서로를 더 걱정하고, 챙겨주는 사람들. 내 옆에 이런 사람들이 있어서 얼마나 행복하고, 감사한지.

가장 힘들던 시기에 엄마친구들을 만나서 누구에게도 받지 못한 큰 위로를 받았다. 엄마, 아내로서의 고충을 나누고 공감하면서 희망을 품게 했다. 아이들의 시간을 사교육으로만 채우는 게 아니라, 자연스럽게 자라도록 하자는 교육관이 통했다. 사막에서 만난 오아시스 같았다. 나 혼자만 이렇게 생각하는지, 이 주관을 밀고 나가는 게 맞는지 고민되고, 흔들렸는데 함께 걷는 친구들 덕에 중심을 잡았다. 남편이 내가 달라졌다고 할 만큼 활기차게 변했고, 자신감이 생겼다. 모임을 하느라 오히려 아이들에게 신경 쓰지 못하고, 아이와 나의 관계보다도 명목만 따르나 싶어 중간에 그만둘까 고민한 적도 있다. 하지만, 모임을 탓할 게 아니라 내가 지향하는 바에 따라 대화하며 조정할 수 있다는 사실을 깨달았다. 엄마로는 병아리 시절, 혼자 심각하게 닭장 안에만 있던 나와 마당에서 함께 놀아준 친구들 덕분에 엄마닭으로 잘 크고 있다.

엄마
마음성장
인터뷰

김경옥

간단히 자기소개, 부탁드려요.

늦잠 자기, 음악 들으며 집에서 뒹굴뒹굴하기를 좋아합니다. 사람을 좋아하지만 때로는 동굴에 들어가 혼자 있는 게 편안해요. 열정이 들끓다가도 쉽게 사라져 버리는 냄비 근성이지만 끊임없이 '나'를 찾고 싶어 합니다. 지금의 제 삶과 가족을 사랑하는 세 아이의 엄마입니다.

엄마로 살면서 힘들었던 점은 무엇인가요?

어릴 때 엄마의 양육에 잘못된 부분이 있었다고 느끼는데 올바른 방법은 무엇인지 헷갈리고 기준을 어떻게 잡아야 할지 갈팡질팡하며 참 답답했어요. 아이를 키우다 보니 항상 해야 하는 일들이 먼저고 내가 하고 싶은 일은 뒷전이 되는 게 속상할 때도 많았죠. 또 제가 이상적으로 여기는 양육방식을 허심탄회하게 이야기할 사람이 없어서 혼자서 낯선 길을 찾아가는 것처럼 외롭고 힘들었어요.

힘들 때, 변화 계기와 도움이 된 활동은 무엇인가요?

첫째를 낳고 산후조리원에서 몇 주 몸조리한 후 집으로 아이를 데려가던 첫날부터 긴장의 순간이었습니다. 혼자 아이를 돌보는데 왜 우는지도 모르겠고 아는 방법을 총동원해도 아기가 계속 울면 너무 힘들어 내버려 두기 일쑤였지요.

그럴 때마다 책을 찾아봤지만 내 아이에게는 적용되지 않는 딴 나라 이야기였습니다. 옆에서 나를 믿으며 응원하고 도와주는 남편이 있어 영아기 시절은 간신히 넘겼으나 첫째가 6살이 되고 둘째, 셋째 동생까지 태어나면서 퇴행과 떼가 더 늘어 또다시 고비를 맞았어요. 그때 지인의 추천으로 부모교육을 접하면서 제가 첫째를 제대로 이해하고 공감해주지 못했다는 사실을 깨달았지요. 그 이후로 아이의 마음에 더 관심을 두면서 발전적인 육아를 위한 좋은 방법을 찾던 중, 숲에서 노는 엄마와 아이들의 모임을 만났어요. 함께 하면 더 행복하고 기쁘다는 것을 그 모임에서 알게 되면서 아이들이 자라는 순간마다 더욱 빛나고 행복해진 것 같습니다.

앞으로 꿈꾸는 삶은 무엇인가요?

아이의 삶도, 내 삶도 사랑하는 엄마가 되고 싶습니다. 아이에게만 성장을 바랄 게 아니라 저 또한 한 인간으로서 성장하고 싶습니다. 저를 보고 아이들이 자연스럽게 느끼고 배우며 성장하는 원동력이 되는 엄마를 꿈꿉니다.

희망

'나도 된다'는 믿음 쌓기

대학교 3학년 때 운전면허를 따고, 아빠에게 연수를 받으면서 왜 브레이크를 늦게 밟냐, 핸들을 더 꺾어라 등 잔소리를 엄청 들었다. 장성한 딸을 일부러 막 혼내진 않으셨겠지만 아빠의 말을 듣고 나는 운전에 소질이 없다고 생각했다. 면허는 그대로 장롱에 처박혀버렸다.

첫째가 6살 때 옮긴 유치원에는 등원 차량은 있는데 하원할 때는 데리러 가야만 했다. 갓난아기와 아이를 데리고 버스로 이동할 엄두가 안 나 운전대를 잡았다. 10개월 된 아기를 카시트에 앉히고, 녹색면허지만 말 그대로 장롱면허인 상태에서 매일 운전했다. 워낙 겁도 많고, 덜렁대는 내가 저 많은 차 사이에서 사고 내지 않고 괜찮을까 늘 걱정이 앞섰다. 될까 싶었는데 해야 해서 하니까 되었다. 아기가 하도 울어서 안고 운전하거나 언덕 오르기가 무서워서 전진 대신 후진기어를 놓고 액셀을 밟은 적도 있다. 사고 안 난 것이 천만다행이었다. 고비를 넘고 또 넘다 보니, 할 만해졌다. 남들에겐 그깟 운전일 수 있지만 나는 벌벌 떨면서도 해낸 스스로가 대견했다. 남편에게 의지하지 않고 내가 가고 싶은 곳으로 아이들과 함께 움직일 수 있어서 좋았다. 숲모임에서 장거리 여행을 가면 기동력을 발휘할 수 있는 나 자신이 뿌듯했다. 나는 운전하면서 조금씩 자신감이 상승했다.

된다고 생각하면 되는 거야

자신감이 생기면서 운에 대한 생각도 달라졌다. 오프라 윈프리의 일화를 읽고 가슴이 뛰었다. 그녀는 자신에게 자동차가 필요한 이유를 써서 편지를 보내는 사람에게 자동차를 주겠다고 했다. 많은 사람이 편지를 보냈지만 설마 하며 편지를 보내지 않은 사람이 더 많았을 것이다. 편지를 보낸 사람 중 276명이 방청객으로 초대받았고 오프라 윈프리는 방청객 모두에게 자동차 선물을 주었다. 자신이 원하고 믿는 것은 된다는 사실을 보여주기 위해서였다. 이 글을 읽고 마법에 홀린 듯 나도 된다고 믿으며 스스로에게 말했다.

'그래, 된다고 생각하면 되는 거래. 해보자. 나도 그렇게 될지 모르잖아.'

첫째가 일곱 살이 되었을 때, 제주도 한 달 살기가 유행을 타기 시작했다. 호기심이 많아서 유행하는 건 다 관심을 두지만 비용도 부담스럽고, 한 달이나 시간을 빼기도 쉽지 않았다. 일주일에 하루씩 일하는 곳도 있고, 남편 없이 혼자 두 아이를 보며 어떻게 지내나 싶은데도 자꾸만 눈길이 쏠렸다. 그 무렵 첫째가 유치원에서 친구들이랑 어울리기를 힘들어

했다. 7세 여자아이가 친구 관계에서 힘들어하는 건 예삿일인데 나는 기회다 싶었다. 혹시나 해서 아이가 친구들에게 치이는 것 같은데 제주도에서 한 달가량 있다 오면 어떨까 하고 남편과 상의했다. 꽤 심각한 얼굴로 운을 떼었더니 남편도 진지하게 받아들여서 갔다 오란다. 뜻밖에 동의해주니 막상 걱정이 앞섰는데 그때마다 마음을 다잡았다. '될 거야, 될 거야, 아자아자.' 마법의 주문을 걸듯이.

떠나기 며칠 전까지도 친정엄마는 거길 꼭 가야겠냐고 말리셨다. 다들 나만큼이나 걱정했지만 남편이 나를 전적으로 믿어주는 데 힘입어 무사히 한 달을 보내고 왔다. 떨리는 마음으로 출발해서 배에 자동차를 싣고, 도착할 때까지도 마음을 못 놓다가 제주도에 첫발을 디디고 나서야 '내가 왔구나, 드디어 해냈구나' 하며 신이 났다. 특별한 휴식이라기보다 낯선 곳에서의 부딪힘이었다. 함께 여행 온 사람들과의 만남, 숙소 주인 할머니와 친해지기, 수많은 선택의 기로, 아직 어린 두 아이의 컨디션과 내 상태까지 그 안에 조율해야 해서 결코 재밌기만 한 건 아니다. 그러나 정말 새로운 세상을 만났다.

돈을 최대한 아끼려고 시골 민박집에 머물렀는데 마을잔치가 이틀이나 열렸다. 주인 할머니의 배려로 이틀 연속 잔치에 참석했다. 제주도 아이들도 만나고, 어르신들의 제주 사투리도 실컷 들었다. 마을회관에서 몸국과 고깃국수도 얻어먹었는데 무척 맛있었다. 잔치의 하이라이트는 마지막 순서인 선물 추첨시간이었다. 쌀, 고등어, 휴지, 상품권 등 꽤 많은 상품이 있었는데 아무리 기다려도 우리 번호가 불리지 않았다. 첫째는 점점 초조해졌다. 왜 우리 번호만 안 나오냐며 마음이 급해져 울기 직전이었다. 예전 같으면 '기대를 안 해야 돼. 그래야 안 돼도 실망 안 하지'라고 했을 텐데 이렇게 말해주었다.

"우리, 된다고 생각하고 기다려보자. 될 거야, 우리 번호가 불린다, 불린다 하고."

솔직히 끝으로 치닫자 자신이 없어졌다. 정말 안 되면 어쩌나, 어떻게 대응하나 초조해하면서도 태연한 척 아이의 손을 잡고 웃으면서 될 거라고 말해주었다. 끝에서 3번째로 우리 번호가 불리는 순간 둘이 "와~" 하며 소리를 질렀다. 아이를 얼른 앞으로 보냈다. 아이가 받아온 것은 진공포장된 고등어 자반 한 상자였다.

"거봐, 된다고 했지? 진짜 당첨이 됐어~."

우리는 정말 기뻐했다. 주인 할머니께 고등어 반을 나눠드리며, 감사의 마음을 전했다. 할머니도 맛있다며 좋아하셨다. 머무는 동안 우리 밥상에 종종 고등어가 올라왔다. 내 인생에도 행운이 올 것이라 기대하고 그 기대가 이루어진 날, 동굴 속 굳게 닫힌 문이 열린 것 같던 그 날을 잊지 못한다.

실패해도 괜찮아

운전할 때 차 안에서 책 읽어주는 EBS 라디오 채널을 주로 틀었다. 문자나 SNS로 사연도 올려봤다. 처음에는 시를 읽고 난 느낌을 써서 보내고 별 기대 없이 있었는데 내 글이 선택되었다. 마지막에 선물도 준다고 하니 감개무량이었다. 첫 번째 당첨에 힘입어 그 뒤로 글을 여러 번 보냈다. 또 속으로 '된다, 된다, 내 이름이 불린다' 하며 열심히 빌었다. 두 번째로 양념주꾸미가 오더니 쌀이 왔고 비타민도 받았다. 남편이 나를 달리 봐주는 것 같아 으쓱해졌다. 친정아빠의 정년퇴임식 사연을 보내고는 꽃바구니까지 당첨이 되었다.

그 후엔 당첨된 적이 없어 아쉽지만 전과 달리 기대하다 안 되어도 '괜찮아, 사람이 너무 많아졌나 봐. 다음에 또 도전하자'로 마음이 바뀌었다. 이 작은 변화가 인생의 큰 흐름을 바꾸어 놓았다. 운이 없다고, 난 안 된다고 주저하던 내가 될 거라는 믿음을 갖고 도전하고, 안 되더라도 다시 도전하자는 긍정적인 힘이 생겼다. 된다고 믿고 도전해서 성공한 크고 작은 경험과 옆에서 믿어주고, 잘했다고 인정해주는 사람들이 있다면 누구나 바뀔 수 있다. 아이도 나를 보며 '된다, 된다 하면 된다' 주문을 외우게 되었다. '아이스크림 작전'이라는 이름도 붙였다. 달콤한 아이스크림을 먹는 상상을 하며 골똘히 연구하는 아이들의 행복한 시간, 못 먹어도 화나거나 실망하기보다 '아쉽다' 하며 다시 또 도전하는 마음이 일어난다.

엄마
마음성장
인터뷰

강현순

간단히 자기소개, 부탁드려요.

10살 딸과 5살 아들을 키우는 엄마입니다. 꿈 많던 소녀였는데 직장생활을 하며 오랜 시간 꿈 없이 살았어요. 하루하루 자존감이 낮아지고 우울해지더라고요. 큰 아이를 키우며 나에게 관심을 두고 질문을 던졌죠. 그 덕분에 둘째를 낳은 후에 작가라는 꿈을 찾았어요. 2016년에 그 꿈을 이루었답니다. 현재는 두 번째 책을 집필 중이고 매일 블로그(햇살같은 꿈)에 글을 쓰며 이웃들과 활발히 소통하고 있어요.

엄마로 살면서 힘들었던 점은 무엇인가요?

처음엔 다 힘들었어요. 아이 하나 키우기가 이렇게 힘든 줄은 정말 몰랐죠. 나 자신을 잘 몰랐고, 자신을 사랑하는 마음이 없어서 더 많이 힘들고 어려웠나 봐요. 꿈을 다시 찾아야겠다고 마음먹고 점점 나를 사랑하면서 변화가 찾아왔어요. 꿈을 찾고 나서는 내 꿈을 향한 욕심과 육아, 살림의 균형을 잡기가 힘들더라고요. 초반엔 꿈을 이루려는 열정이 사그라질까 봐 두려운 마음에 이 악물고 달리기도 했죠. 다행히 지금은 그런 조급함, 두려움이 없어요. 삶에서 무엇이 더 중요한지 깨달은 뒤로는 가정과 일의 조화를 유지하며 지내려고 늘 노력해요.

힘들 때, 변화 계기와 도움이 된 활동은 무엇인가요?

20대부터 힘들 때마다 긍정의 힘이 가득한 책을 꾸준히 읽었어요. 잠시 책을 멀리한 적도 있는데 육아로 지친 마음을 달래려고 다시 독서를 하면서 큰 힘을 얻었죠. 삶의 고비마다 항상 독서가 저를 치유하고 힘을 주었어요. 꿈의 단서도 독서로 찾았죠. 제 인생이 변화된 계기는 오프라 윈프리의 책《내가 확실히 아는 것들》덕분입니다. 작가가 되고 싶은 마음이 간절할 때 책을 읽고 그녀의 조언대로 감사 일기를 매일 썼어요. 1년쯤 지나자 인간관계, 건강, 꿈의 실현 등 눈앞의 세계가 마법처럼 바뀌기 시작했지요.

앞으로 꿈꾸는 삶은 무엇인가요?

불과 몇 년 전만 해도 저는 쉽게 우울해지고 미래를 불안해했어요. 과거의 저처럼 세상 탓만 하며 힘들어하는 사람들에게 용기를 주고 삶을 바꿀 방법을 알려주고 싶어요. 내면세계가 바뀌면 온 세상이 바뀌는 마법의 힘을 말이죠. 앞으로도 사람들에게 영감을 주는 글을 꾸준히 쓰고 컨설팅과 강의도 병행하면서 좀 더 적극적으로 사람들을 깨우고 싶어요. 궁극적인 꿈은 나 자신을 진실로 사랑하고, 삶의 모든 것에 감사하며 온 세상에 사랑을 발산하는 햇살 같은 사람이 되는 것입니다.

중용

'엄마' '아내'와 '나' 사이 줄다리기

책의 중요성을 알게 해준 푸름이닷컴에 한동안 발을 끊었다. 첫째의 한글을 떼보겠다고 다시 달려들었다가 후퇴한 후, 다시는 이곳에 오지 않으리라 마음먹고 홈페이지를 열어보지 않았다. 하루에 한 번은 들러 글을 읽고 정보를 알아가야 마음이 놓였는데 어느새 열등감만 심해지니 이러다간 나도, 아이도 상처만 받는다는 생각에 잡았던 끈을 놓았다. 안 보니까 편했다. 아이에게 중요한 것을 놓치는 한이 있더라도 상처 줄 바엔 안 하는 편이 낫겠다고 생각했다. 마음의 안정을 찾을 무렵 우연히 《내면여행》을 읽고 저자 강연회가 있다기에 신청하고선 갈까 말까 망설이다가 갔다. 내가 아직도 흔들릴까 궁금해서 시험하고 싶은 마음이 있었다. 강연회의 주인공은 몇 년 전에 강연마다 따라다녔던 푸름아빠 최희수 작가님이었다. 강연을 잘 듣고, 끝난 후에 질문하려고 남았다.

"저는 결혼 전부터도 상담 공부하며 성장하겠다고 발버둥 치는데 왜 계속 제자리일까요?"

"이미 성장하셨어요. 그 노력이 보입니다."

나를 제대로 비춰주는 타인

우문현답이었다. 나라는 사람을 깊이 알고 잘 관찰해서 내린 평가는 아니지만 나를 바라보며 하시는 말씀에 진심이 느껴졌다. 나만 몰랐다. 내가 기대하는 완벽한 목표는 이룰 수도 없고, 있지도 않다는 사실을 말이다. 출발선이 다를 수밖에 없음을 인정하는 일이 내겐 필요했다. 완주지점도 다를 수밖에 없고, 달려가는 자체가 소중함을 깨달았다.

"꼭 더 성장해서 오겠습니다"라며 인사를 남기고 돌아왔다. 발길도 하지 않겠다던 홈페이지를 열어보았다. 신기하게도 이번에는 '아이들에게 어떤 책을 읽어주어야 할까'보다 '엄마가 어떻게 하면 치유될까'에 눈길이 갔다. 예전부터 있던 게시판인데 이제야 눈에 들어왔다. 나를 자랑하고, 나의 좋은 점을 찾아서 글을 남기는 게시판에 번호를 매겨가며 하나씩 글을 올렸다. 그동안 나는 내 단점만 눈에 들어오고, 장점은 더 완벽하게 해내야 하며, 칭찬을 들어도 그냥 해주는 말이려니 생각해왔다. 의식적으로 타인의 기준은 따지지 않고, 나 스스로 좋은 점을 찾으니 마음이 밝아졌다. 일주일에 한 번씩 글을 올렸는데 10번째 글의 주제는 남편의 변화에 대한 감사함이었다.

결혼하고 남편과 참 많이도 싸웠다. 남편은 화를 내면 바로 풀어야 하고, 나는 입을 다무는 편이다 보니 싸움이 더 커졌다. 평행선 싸움으로 마음에 큰 생채기가 남곤 했다. 아이들이 있으니 드러내고 싸우는 일은 줄었지만 각자 마음에 불화산을 품고, 자기만 힘들다고 배틀을 벌였다. 아이들과 늘 붙어 있는 나는 스트레스를 받으면 아이들에게 푸는 악순환이었다. 남편은 아이들을 예뻐했지만 사업하느라 바빴고 그나마 생긴 여가에는 온라인 게임에 몰두했다. 남편도 숨 쉴 시간이 필요했겠지만 주말이면 밤에 게임하고, 낮에는 잠들어 있으니 지켜보는 나도 마음의 문을 더 굳게 닫았다.

그런데 제주도 한 달 여행을 전후로 부부관계에 변화가 생겼다. 변화의 첫 계기는 내가 숲모임에 나가면서 활기가 살아난 것이다. 남편이 먼저 마음을 열었다. 내가 책을 들여놓든, 강의에 쫓아다니든 무엇을 해도 좋으니 자기만 건드리지 말라던 사람이 심리성장 모임에 같이 참석했다. 아픔을 이야기하는 내 모습을 바라봐주고 나를 이해해주었다. 지방에서 강의가 있으면 같이 내려가서 아이들을 돌보며 기다려주기도 했다. 책 한 번 읽어주기 어려워하던 아빠였는데 책을 포기한 나 대신 아이들 책을 사 오거나 인터넷으로 주문해주었다. 아마 아이들을 향한 마음이 더 깊어졌나 보다. 아이들을 함께 돌보고, 사랑해주어야겠다고 느끼면서 변화가 시작된 것 같다. 아이들이 자기 전까지는 밤에 게임하는 걸 줄이겠다는 약속도 했다.

이런 내용으로 글을 마치며, 훗날 내 길을 차근차근 잘 걸어서 '엄마도 사람이야!'라는 제목으로 책을 내겠다는 말도 썼다. 완벽한 엄마가 아니어도 아이 옆에서 희로애락을 함께 느끼며 나누는 따듯한 사람이 엄마라고, 그것만으로도 원더풀 엄마라는 말을 하고 싶다고. 마지막으로 '제 목소리를 찾게 해주셔서 감사합니다'라고 인사했다.

글을 다 쓰고 올릴 때 가슴이 두방망이질했다. 사랑을 찾아 사람이 되는 약을 먹고 목소리를 잃은 대신 다리를 얻은 인어공주가 목소리와 본 모습을 되찾아 다시 인어가 된 느낌이었다. 본래의 나 자신을 되찾은 듯이, 감사하고, 뿌듯했다. 다음 날, 접속했다가 메인화면에 내 글이 뜬 걸 보고 깜짝 놀랐다. 보통 아이들이 놀라운 성과를 보였을 때 메인에 올라온다고 알고 있었는데 의아했다. 관리자의 축하도 받았고 조회수가 1000회를 넘어갔다. 내게 이런 벌어지다니 믿기지 않았다. 이렇게 인정받은 데 힘입어 한 달 뒤, 엄마치유 집단상담을 진행하게 되었다는 소식을 남겼다. 푸름아빠님도 댓글로 축하해주셨다. 스스로 모자란 것 같다고 열등감을 느끼던 곳에서 내 존재 그대로 인정받았다. 남들과 비교하지 않고, 나만의 빛을 발산했기 때문이다.

서로를 가장 멋지게 비춰주는 거울, 부부

남편과의 관계는 아주 조금씩, 천천히 방향을 틀고 있다. 관계가 가까워지다가도 다시 원점으로 돌아가거나 오히려 사이가 더 나빠질 때도 있었다. 계속 부딪치는 일상에서 종종 다투고 고비를 맞이하며 여전히 나와 다른 사람임을 받아들이기가 어렵다. 하지만 남편에 대해 글로 정리하면서 생각이 바뀐 것처럼 힘들 때마다 남편의 보이지 않던 속마음을 들여다보는 일이 도움이 되었다. 남편의 성장과정과 원가족 안에서 그 사람을 상상해보고, 그의 내면아이를 보듬으며 측은지심이 생긴다. 서서히 엉켜버린 실타래를 풀고, 해결해가는 과정이 쉬워졌고, 상대방을 용서하고 화해하는 기간도 짧아졌다.

실제 부부상담 과정도 서로 눈을 마주 보고 앉아 상대의 이야기를 경청하는 것부터 시작한다. 상대방이 원하는 것, 여러 상황에서 느낀 감정,

어린 시절의 성장과정을 경청하여 듣고, 내가 이해한 대로 다시 들려주며 제대로 이해했는지 확인한다. 내가 원하는 대로 하지 않는다고 틀린 게 아니라 그 사람이 그럴 수밖에 없는 이유를 들어주고, 공감으로 마음을 어루만져 준다. 내가 대접받고 싶은 대로, 상대를 대접해주는 것이다.

여자에서, 아내, 며느리로 살아가다가 엄마라는 역할까지 맡으면서 남편에게 바라는 것이 많아졌다. 여러 몫으로 희생하고 있으니, 남편에게 보상받고 싶었는지도 모르겠다. 남편도 남자에서 사위, 아빠가 되었다. 아직은 남편에게 더 쏠려 있는 '가장'이란 이름의 무게도 만만치 않다고 들었다. 정용선 작가의《아빠도 아빠가 처음이라서》라는 제목처럼 엄마만큼이나 아빠도 잘 몰라서 배워가느라 실수하고 상처도 남긴다. 그래도 이 세상 누구보다 잘 하고 있다고 격려해주고, 고생한 거 알아주며 "당신이 최고야, 고마워!"라고 말해줄 든든한 지원군이 있다면 삶의 축복이다.

앞으로도 남편과 나는 무수히 많은 산을 넘어갈 예정이다. 이제는 손잡고 갈 수 있다. 설사 손을 놓치더라도 다시 서로를 찾을 나침반이 있어 든든하다. 남편과 나, 우리 가족의 균형을 맞추는 일에 노하우가 쌓여간다.

엄마
마음성장
인터뷰

날아라

간단히 자기소개, 부탁드려요.

한 아이를 키우며, 패션전문직으로 일하는 엄마입니다.

엄마로 살면서 힘들었던 점은 무엇인가요?

엄마가 되면서 제 삶이 낭비되는 것 같아 견딜 수 없었어요. 일로 인정받으려는 마음이 컸는데 엄마가 되니 제 시간과 일을 모두 포기해야 해서 미칠 것 같았고, 분노가 폭발할 때도 있었습니다. 아이는 예쁘지만, 감정이 주체가 안 되면 어디로 도망가거나 떠나고 싶었죠. 남편, 시댁과의 갈등이 가장 큰 원인이었어요. 시부모님과 남편은 제 기질이나 라이프 스타일과 정반대였고, 그분들의 기준대로 평가하는 일이 제 자존감을 무너뜨렸습니다. 저 역시 시부모님의 시선으로 저를 바라보았습니다. 아이를 제 무기 삼아 잘 키워보려고 욕심내면서 우리 가족은 모두 조금씩 불행해졌어요.

힘들 때, 변화 계기와 도움이 된 활동은 무엇인가요?

육아보다 남편과의 관계가 제 삶을 갉아먹는다는 사실을 깨달았어요. 남편과 싸움이 잦아지고, 신체적인 폭력까지 나타나면서 아이와 있을 때도 늘 화가 나 있고, 짜증 내며 소리 지르는 엄마가 되었습니다. 정말 끝을 보는 듯했죠. 혼자 고민하다가 친구의 도움으로 개인상담을 받으며 용기를 냈습니다. 남편을 설득해

부부상담을 받았죠. 남편도 가정불화와 폭력 등의 고비를 넘기며 자란 터라 상처가 깊었습니다. 서로 모르고 살아온 시간이 길었고, 마음을 열어 보이기까지 무척 두려웠습니다. 하지만 서로의 마음을 확인하고, 상처를 바라보는 순간 연결되는 경험을 했죠. 우리는 서로의 상처를 보듬어 주었습니다. 안심하고, 나를 있는 그대로 보여도 괜찮다는 확신이 생겼어요. 꾸준히 상담을 받고, 대화하고, 변화를 공유하며 부부가 성장하고 있습니다. 부부가 변하니, 아이도 달라졌습니다. 주눅 들고, 위축되어 있던 아이가 밝아졌고, 자기표현도 잘 하게 되었어요. 고비를 잘 넘어온 우리 가족에게 감사합니다.

앞으로 꿈꾸는 삶은 무엇인가요?

가정이 회복되면서 중단했던 일을 시작했어요. 남편이 많이 배려하고, 도와줬어요. 제 삶에서 가정이 얼마나 소중한지 깨달았죠. 일과 가정에서 진심을 다해 성공하고 싶습니다. 아이와 남편 그리고 저를 응원하며 인생의 진짜 행복을 누리길 원합니다.

위로

깊은 공감의 '우리'를 만나는 집단상담

어느 드라마에서 여주인공을 포함해 8명쯤 모여 '마음공부'를 하는 장면이 있다. 모일 때마다 정해진 주제로 미리 준비해온 각자의 이야기를 나누고 '사랑합니다' 하며 지지해준다. 이런 것이 집단상담이다. 나도 엄마들과 이런 시간을 꿈꾸었다.

첫째가 막 유치원에 들어가고 둘째는 아직 뱃속에 있을 때 비로소 내 시간이 생겼다. 주로 도서관에 갔는데 육아서를 둘러보다가 《힐링맘》이 눈에 들어왔다. 르네 피터슨 트뤼도의 책으로 '세상의 모든 엄마를 위한 최고의 길잡이'라는 부제가 붙어 있었다. 우리 사회에 '힐링' 열풍이 불기 훨씬 전에 발간된 책이었다. 아이를 어떻게 키우라는 내용의 육아서는 많지만, 엄마를 위한 치유서는 생소했다. 그 책은 미국에서 엄마들에게 실시하고 효과를 입증한 치유 프로그램을 소개하고 있었다. '엄마'가 된 여성들이 한 달에 한 번씩, 일 년 동안 모여 글쓰기와 워크북 활동을 하며 자신을 돌보는 능력을 키우도록 도와준다.

나는 엄마가 되면서 극심한 우울과 떨어지는 자존감으로 힘들었다. 아이를 낳고, 키우는 것은 내 선택이자 책임이지만, 육아로 내 삶이 달라질 것을 예상하지 못했다. 나만 모성도 없는 나쁜 엄마인가 자책했다. 그러나 이 책을 보고 이 시대의 여성들은 엄마가 되면서 누구나 혼란을 겪고, 고민한다는 사실을 깨닫고 힘을 얻었다. 《힐링맘》은 엄마가 되면서 흔들리던 삶에서 더 많은 기쁨과 평화를 찾으라며 조언하고 삶을 다시 시작하도록 방향을 알려주었다.

내가 할 일을 발견했다. 내가 잘하는 상담으로 우리나라 엄마들에게 도움을 줄 수 있겠다고 생각했다. 그때까지는 아동, 청소년 상담 위주로 하고 엄마상담은 10분가량 짧게 진행해왔다. 주위를 둘러봐도 '어떻게 해야 아이를 잘 키울 수 있을까'를 주제로 하는 교육이 대부분이고 엄마의 정서를 케어하는 프로그램은 거의 없었다. 나도 아직 엄마 역할을 완벽히 해내지 못하고 있지만, 엄마들의 지친 마음을 위로하고 싶었다. 육아의 전략, 방법, 지침을 알려주기보다 엄마가 잠시 쉬어가며 아이와 자신을 돌아보고, 이 관계에서 할 수 있는 최선을 찾도록 힘을 주고 싶었다. 내가 소용돌이 같은 혼란 속에서 따뜻한 위로를 간절히 바랐듯이 나와 같은 마음인 분들에게 다가가서 마음으로 안아드리고 싶었다. 《힐링맘》에 나온 것처럼 엄마들의 치유를 위한 집단상담을 꿈꿨다.

조금씩 길이 열렸다. 내가 참여한 부모교육 마지막 수업에 엄마들의 재능나눔 코너가 있었다. 나는 미술치료로 간단하게 그림을 그리고, 마음을 나누는 시간을 가졌다. 선생님께서 좋았다고 하셔서 집단상담 재능나눔을 제안했고 정말로 프로그램이 개설되었다.

생각지도 않았던 곳에서 내가 꿈꾸던 일이 이뤄졌다. 오랜만에 집단상담을 기획하고, 진행하려니 떨리고 엄마들이 얼마나 호응할지 궁금하고 걱정되기도 했다. 아이들이 집에 없는 오전시간이 엄마들에게 얼마나 귀한지 알기 때문에 그 시간에 좋은 에너지를 받고 가길 바랐다. 열심히 준비해서 2014년 1월 '힐링맘, 엄마치유 집단상담' 1기를 시작으로 현재 14기 엄마들까지 만났다.

엄마 타이틀은 잠깐 내려놓고

집단상담은 상담자가 프로그램을 다양하게 구성할 수 있다. 회기별 주제에 맞춰 미술로 표현하는 작업을 하고 그 과정에서 느낀 감정, 생각들을 나눈다. 다른 사람의 이야기를 경청하며, 자신을 돌아볼 수도 있고, 그 사람에게 피드백해줄 수도 있다. 집단원들과 이야기를 주고받으며 자신 안에 쌓인 감정을 알아차리고, 표현하며 해소하고, 자신을 새로운 시각으로 통찰하게 된다.

나는 첫 시간에 별칭을 정하는데 '○○맘'을 제외하고, 정하도록 한다. 달님, 잎새님, 꺽다리님, 이교수님, 김사장님, 박과장님, 오데뜨 공주님 등 내가 불리고 싶었던 이름, 내가 좋아하는 것, 이루고 싶었던 꿈으로 별칭을 붙이는 것이다. 잠시 엄마 역할 내려놓고, 나를 만나는 시간이다.

집단상담의 가장 중요한 규칙이자 장점이 비밀보장이기 때문에 서로를 신뢰하며 이야기할 수 있다. 무엇보다도 나만 힘든 것이 아니었다는 사실을 알게 된다. 힘든 마음을 다른 사람에게 터놓기는 쉽지 않다. 가장 친한 친구, 남편, 가족에게도 한 마디 내색 없이 살아오신 분도 많다. 이런 이야기를 했다가 어떤 반응이 나올지 모르겠고, 대부분은 좋은 반응이 나오지 않으리라 예상하고 혼자 속으로 삭인다. 육아 때문에 우울하고, 힘든 것도 나만 그렇다고 생각하신 분들이 많았다. 다른 사람들도 나와 별로 다르지 않다는 이야기를 들으면서 공감하거나 나 정도면 괜찮다고 느끼시며 힘을 얻는다. 집단상담 8회기가 끝날 때쯤이면 함께 때도 밀고, 목욕하고 나온 친한 친구들처럼 환해지고, 끈끈한 동료애도 생긴다. 엄마친구들이 생기는 것이다.

나만 힘든 게 아니었구나

참여한 분 중에는 10년 동안 세 아이를 키우며 시어머니와 함께 살았는데 누구에게도 힘들다는 얘기를 한 적이 없는 분도 있었다. 걱정할까 봐 친정에도 내색하지 않으셨단다. 아버지에게 가정폭력을 당하며 자란 분들도 있었다. 이분들 역시 가정의 비밀을 이야기할 수 없었다고 한다. 보통 부모님이 밖에 나가 이야기하지 말라는 무언의 압력을 주고, 창피하기도 하고, 자신을 이상하게 볼 거라는 두려움 때문이었다. 무엇이든 다 이야기하고, 개방할 필요는 없다. 자신이 적정한 선을 정해서 이야기하고, 도움받고 싶은 정도만 표현해도 된다. 안전하고 신뢰할 수 있는 관계가 되었을 때 자신의 경험을 더 개방하고 공감과 이해받는 과정이 필요하다. 그래야 숨을 편하게 쉬고, 나도 괜찮은 사람이라고 인식하게 된다. 어렵더라도 이야기하고 싶다는 욕구가 올라올 때 용기를 내어 자신의 삶을 개방하신 분들은 이후에 생기와 활력이 올라온다. 집단원들의 진심 어린 눈물과 공감에 힘을 얻으신다. 집단상담에서 이야기하는 것이 어렵다면 개인상담에서 더 안전하게 할 수 있다. 자신의 욕구를 알아차리고,

안정을 위해 상황에 맞는 선택을 하는 것도 중요하다.

나 역시 다른 곳에 집단상담이 개설되면 시간이 맞을 때마다 집단원으로 참여한다. 상담자도 에너지가 소진되지 않도록 자신을 돌봐야 하고 나도 엄마노릇으로 쌓인 스트레스를 푸는 일이 중요하기 때문이다. 다 안다고 착각했던 내 진짜 마음도 알게 되고, 생각지 못한 감정이 올라오기도 한다. 안쓰러움, 외로움, 속상함, 미안함 등의 감정을 알아차리고, 어루만진다. 어린 시절의 나에게 편지를 쓰고, 추억의 조각들을 찾아보기도 한다. 다른 분들의 작업을 보면서 위로받고 지지해드리며 누군가와 함께 마음을 모아 시간을 보내는 충만함을 느낀다. 요즘에는 각 구의 육아종합지원센터, 시에서 운영하는 평생학습센터, 서울시 학부모지원센터, 도서관 등에서 집단상담 프로그램이 제법 개설되고 있다. 비용이 무료인 곳도 적지 않다. 전문적인 상담을 원한다면 비용을 내고 충분히 도움받을 만한 곳도 많다.

엄마
마음성장
인터뷰

바다새

간단히 자기소개, 부탁드려요.

발달지연이 있는 8살 아들과 똑부러지는 깍쟁이 5살 딸을 키우는, 곧 마흔 살 되는 엄마이자 결혼 9년 차에 접어드는 평범한 주부입니다.

엄마로 살면서 힘들었던 점은 무엇인가요?

제 감정을 조절하는 일과 불쑥 찾아오는 이별이 힘들었어요. 처음에는 친할머니, 시어머니 그리고 친정아버지와 이별하는 게 가장 힘들었어요. 가까운 사람의 죽음을 한 번도 접한 적이 없다가 겪어 보니 제 존재의 커다란 기둥이 무너지는 것 같았거든요. 또 시아버님과 갈등하며 상처받고, 남편과도 관계가 멀어졌습니다. 남편은 제가 모든 상황을 악화시켰다고 생각했죠. 매일 싸우고 울며, 약을 먹어야만 살고, 움직일 수 있었어요. 결혼 전에는 아이를 좋아하니 모든 걸 용납할 줄 알았는데, 아이들에게 분노를 참기 어려웠어요. 나중에야 상담으로 어릴 적 엄마에게서 받은 상처를 깨달았습니다. 그로 인한 분노, 자괴감에 너무나 힘들었어요. 아들의 행동에 미친 듯이 분노를 쏟아내고 미안한 마음에 우는 게 반복되었어요. 힘들었던 저 자신을 위로하지 못하고 아이만 잡았습니다. 나를 사랑하지 못하고 용서하지 못한 채 아이를 대하니 아이는 아마도 지옥이었을 겁니다.

힘들 때, 변화계기와 도움이 된 활동은 무엇인가요?

집단상담이에요. 꿈만 같던 신혼에 어머님이 아프셔서 들어간 시댁 생활은 악몽 같았습니다. 친구도 없이 고립감을 느꼈고, 아이는 매일 아버님의 텃밭을 망쳐 놓기 일쑤라 싫은 소리를 들었습니다. 시댁식구는 저와 너무 다른 외계인 같았죠. 복지사 선생님께 추천받은 집단상담 프로그램에 참석하고, 저를 드러내면서 이해가 되었어요. 혼자가 아님을 깨닫고 제 마음을 들여다보면서 가족과 서로 교류해야 한다고 느꼈습니다. 저도 모르는 걸 선생님이 알아주시니 제 내면을 바라보게 되었어요. 친정아버지의 죽음을 마주한 터라 더 힘들고, 절실했어요. 하늘에서 제가 이렇게 사는 모습을 보면 아파하실 것 같았거든요. 행복해지고 싶었어요. 집단상담은 제 단면을 조금이나마 들여다보고, 나를 알게 되는 귀한 시간이었습니다.

엄마이기에 성장할 수 있었던 점은 무엇인가요?

꽃길만 걸을 줄 알았던 결혼생활이 노력과 인내로 이루어짐을 알았습니다. 처음 집단상담을 받을 때 6살 아들은 단어를 말하기 시작했어요. 거짓말처럼 말이 늘더니 이제는 곧잘 친구들을 흉내 내고 자신의 말을 합니다. 아이가 행복해하고 우리 부부를 웃게 만드니 저도 남편도 감사했습니다. 아이에게 관대해지고, 당당하게 살고자 노력했어요. 제 변화에 아들도 답해준 것 같아 너무 행복해요. 남편과 다툼이 줄어드니 아들이 우는 일도 줄었습니다. 전에는 아들이 십자가로만 느껴졌는데 삶의 의미임을 깨우칠 만큼 성장했습니다. 엄마의 성숙이 아들의 성장과 밀접한 관계가 있음을 깨달았죠. 시댁에서 분가하는 모험을 했는데 지금까지 매우 만족합니다.

앞으로 꿈꾸는 삶은 무엇인가요?

많이 웃고 행복하게 사는 게 제 소박한 꿈이에요. 미래를 꿈꾸면서 정말 간절히 원하면 이루어질 수 있다는 생각에 행복합니다. 아들을 위해서 건강해지고, 여유가 된다면 육아로 접었던 중국어 공부를 하고 싶어요. 언젠가 아버님과 화해하고 잘 지내길 바라는 마음도 있습니다.

치유

삶을 찬찬히 들여다보는 개인상담

엄마치유 집단상담을 진행하면서, 엄마들을 위한 개인상담도 필요하다는 생각이 들었다. 집단상담에서 미처 꺼내지 못한 이야기를 하며 집중관리 받는 경험 또한 소중하다.

힐링맘 집단상담을 진행했던 센터에 그 생각을 말씀드려 엄마들을 위한 개인상담을 할 기회를 얻었다. 이름을 고민하다가 '엄마쉼표'라고 정했다. 왠지 문턱이 높아 보이는 심리상담실을 친근하게 느끼게 하고 힘들고 지친 엄마들이 잠시 쉴 안식처가 되길 바라는 마음이었다. 피부관리나 손톱관리를 하고 나면 기분이 좋아지고, 활력도 얻는다. 미용실에서 머리스타일만 바꿔도 새로 태어난 듯 힐링이 된다. 이런 시간처럼 내 마음에 보습과 영양을 주어 건강하게 관리하고, 나에게 맞는 스타일을 찾아서 멋지게 바라보고 인정해주면 세상이 다르게 보인다. 모든 것이 그대로지만 나를 제대로 알고, 내가 변하면 나와 세상과의 관계가 달라진다.

엄마 마음 아프지 않게

아이의 문제행동으로 육아상담, 아동상담을 진행하다 보면 엄마가 아이를 키울 때 우울하고, 늘 예민하게 레이더를 켜고 화가 나 있으며 불안이 높다는 사실을 알게 된다. 아이에게 문제가 있는 경우도 분명히 있다. 하지만 대체로 엄마의 마음속이 행복하지 않아서, 마음이 아파서 아이의 문제행동이 유발되거나 도드라지며 어느 쪽도 타협하지 않은 채 악순환이 일어난다. 누가 이 상황을 해결할 수 있을까? 아이가 상담을 받고, 건강해져서 엄마를 변화시키기보다 엄마가 자기 마음을 돌아보고 치유하며 아이를 진정으로 사랑해주는 편이 훨씬 빠르고, 장기적으로 강력한 힘이 된다. 아이와의 관계에서 사랑으로 전체 밑그림을 그리고 자신을 확실히 믿게 되면 육아가 즐거워질 것이다.

'엄마쉼표'를 시작하면서 지치고, 아픈 엄마들을 만났다. 부부관계로 스트레스가 심한 분, 아이의 문제행동으로 고민하는 분, 아이들은 훌쩍 자라고, 새로 시작한 사회생활에서 대인관계로 힘들어하시는 분 등 사연도 다양했다. 혼자였으면 이렇게까지 힘들지 않았을 텐데 결혼하고 아이 낳으면서 내 삶이 구렁텅이에 빠진 것 같다고들 했다. 조기출산으로 아이에게 장애가 생긴 한 엄마는 되돌릴 수 없는 상황에 자신을 책망한다고도 했다.

전문직에 종사하던 수민씨는 5살 딸과 잘 소통하기 위해 상담을 신청했다. 엄마쉼표에서 6개월 동안 20회기 정도 상담을 받았는데 특별한 사정이 없으면 상담을 빼놓지 않으며 자신의 상황을 해결하고자 노력했다. 상담 중에 자신이 이루지 못한 채 남겨둔 일로 생긴 공포를 발견했다. 임신 때부터 할 일이 많았고, 출산 후에도 일을 혼자서 다 감당해왔다. 남편의 잦은 해외출장으로 사이도 멀어졌고 육아는 온전히 수민씨의 몫이었다. 다른 사람에게 부탁하거나 신세 지기 싫어서 최대한 남의 손에 맡기지 않고 새벽에 일하면서 아이를 돌보았다. 어느 날 자다가 숨이 막힐 듯한 공포가 느껴지고, 몸 이곳저곳이 아파서 2년 전부터 일을 놓아버렸다. 단순히 포기한 수준이 아니라 관련 업무를 손으로 적는 것조차 못 할 만큼 일은 두려움의 대상이 되었다. 일도, 육아도, 가정도 다 망쳐버린 것 같아 허무하고, 우울해졌다. 특히 자녀가 아기였을 때의 이야기만 하면 눈물이 바로 쏟아졌다. 인생에서 가장 사랑받아야 할 시기에 엄마의 웃는 얼굴을 보여주지 못한 게 미안하다고 했다. 이렇게 상담과정에서 아이를 이해하고, 사랑을 느끼다가도 다시 화가 나고, 밉기도 했다. 도전하고 싶은 일을 해볼 용기를 냈다가도 다시 흔들리고 뒷걸음질 쳤다.

그렇게 상담을 지속하며 자신을 사랑하고 챙기는 마음이 점점 커졌다. 아침에 로션을 바르고, 립스틱만 바르고 나가더라도 자신을 챙기는 느낌이 난다고 했다. 자신을 감추고, 본인이 손해 보더라도 다른 사람에게 좋은 쪽으로 택하는 습관 대신 자신을 먼저 중심에 두고, 합리적으로 판단하여 행동하게 되었다. 2년을 손도 못 댈 만큼 미뤄둔 일에 다시 도전하자 기가 막힌 타이밍에 알아서 기회가 찾아왔다. 예전 같으면 도망쳤을 텐데, 용기를 내 그 기회를 잡았다. 안개 속에 갇혀 있다가 조금씩 안개가 걷히고, 눈앞에 작은 배가 나타난 것 같다고 했다. 그 배가 나를 어디로 데려갈지는 모르지만, 이제 올라타서 멈췄던 항해를 다시 시작하고 싶다는 말이 나오기까지 3년이 걸렸다. 그 말을 전해주는 수민씨도 울고, 나도 감격했다. 움직이지 않던 수민씨 마음을 스스로 어르고, 달래며 괜찮다고 안심시키고, 하고 싶다고 설득한 것이다. 남편과도 관계가 회복되어 자신이 원하는 바를 표현하게 되었다. 마지막에 수민씨는 세상에 대한 믿음이 가득했던 어릴 적 자신을 되찾은 것 같다고 했다.

완벽한 엄마보다 있는 그대로를 발산하는 엄마

나도 개인상담을 받아왔다. 엄마가 되면서 상담이 더 절실해졌다. 부모교육도 엄청 따라다니고, 명강사들의 강의도 쫓아다녔다. 완벽한 엄마가 되고자 노력했다. 그런데 노력하면 할수록 더 불행해졌다. 교육, 강의를 듣고 하루 이틀은 약발이 가는데 다시 아이가 내 속을 긁으면 버틸 수가 없었다. 이틀 참았던 것까지 꼬깃꼬깃 접어 아이에게 화를 날렸다. 아무리 해도 안 되는구나 하고 절망하다가도 엄마로서 포기할 수 없었다.

베이스캠프 같은 어느 지점에서 정리되는 순간이 있었다. 내 안에서 들리는 목소리를 만났다. 늘 나를 비난하고, 못마땅해하는 무서운 목소리. 그 목소리와 화해하기로 마음먹었다. 나를 위로하고, 지지하고, 응원해주는 목소리, 내 존재를 인정해주는 목소리. 진작 나왔어야 할 내 진짜 목소리를 찾았다. 눌려 있고, 눈치만 보고, 잘못된 줄 알고 닫아버린 진짜 목소리가 이제 나왔다. 이 두 목소리는 아직도 싸우다가 원래대로 습관처럼 비난하는 목소리가 툭 나오기도 하지만 괜찮다. 조금 늦게라도 내 진짜 목소리가 한순간, 한순간 또랑또랑하게 들려온다.

"괜찮아, 내가 위로해줄게, 내가 보아줄게, 내가 지지해줄게."

반갑다. 내 안에 갇혀있는 동안 돌봐주지 못해 미안하고, 어디 가지 않고, 그 자리에 있어 줘서 고맙다. 길을 돌고 돌아 지금의 나를 만났다.

구석구석 만나며 긴 여행을 해왔고, 앞으로도 이 여행을 계속할 것이다.

마샤 그래드의 《동화 밖으로 나온 공주》라는 책이 있다. 빅토리아 공주는 환경에 순응하기 위해 자신이 원하는 대로 하고 싶은, 생기 있던 내면아이를 옷장에 가두어버린다. 부모님이 원하는 대로, 환경에 맞춰 살아가지만, 남편과 갈등을 겪으면서 이렇게 살 수 없다는 사실을 깨닫는다. 다행히 공주에게는 어린 시절에 진실을 보도록 조언해주던 올빼미 박사가 있었다. 빅토리아는 힘들 때 올빼미 박사를 만나고 진짜 나를 찾는 길을 떠난다. 절대 쉽지 않았다. 험난한 길에 포기하고도 싶었지만 함께 해주는 존재가 있어서 잃어버린 '나'를 찾았다. 혼자였다면 길을 떠날 수 없었을 것이다. 공주의 굳은 의지도 중요하지만, 일생에서 단 한 명이라도 내 이야기에 귀 기울이고, 나답게 살아가도록 용기를 주는 사람이 필요하다. 주위에 아무도 없다고 느끼면, 심리상담실에서 찾을 수도 있다.

엄마
마음성장
인터뷰

정영란

간단히 자기소개, 부탁드려요.

결혼 6년 차, 엄마 5년 차 33살의 꿈 많고 활달한 엄마입니다. 낮에는 장난꾸러기 5살 아들내미와 육아 전투를 치르고 주말에도 일하는 신랑 대신 독박육아를 하죠. 대학원 가는 날이 제일 행복한 엄마 학생이에요.

엄마로 살면서 힘들었던 점은 무엇인가요?

연애할 때는 신랑에게 평생 사랑받으면서 행복하겠구나 싶어서 결혼했는데 180도 바뀐 신랑 때문에 크게 실망했습니다. 결혼은 어른들 말씀처럼 현실이었어요. 제일 힘들었던 문제는 외로움이었어요. 힘들다고, 누군가에게 내 얘길 들어달라고 말하고 싶은데 신랑 외엔 마음을 터놓을 사람이 없었죠. 언제부턴가 매일 늦게 퇴근하는 신랑과 대화가 거의 없어지면서 더 외로워졌어요. 예전엔 잘나가고 멋있던 내가 너무 초라하게 느껴졌죠. 자꾸 신랑한테만 의존하며 하염없이 답답해하고 울기만 하는 지금의 나를 인정하기가 힘들었어요.

힘들 때, 변화 계기와 도움이 된 활동은 무엇인가요?

꽤 오랫동안 상담 센터나 기관을 검색하다가 아이 문제로 어느 한 센터에 상담을 받으러 갔죠. 아이는 특별한 문제가 없고 오히려 우울감이 많은 제가 변화해야 한다는 조언을 받으면서 상담을 시작했습니다. 주변에 상담받는 걸 알려서 마음이 아프거나 괴로울 때 좀 도와달라고 부탁하기도 했고요. 일주일에 한 권씩 상담 사례나 심리학 관련 책을 꾸준히 읽으면서 내 마음을 튼튼히 하는 활동을 했어요. 작은 노트에 그날그날 내 마음을 간단히 메모하는 일기를 쓰기도 했어요. 6개월의 상담이 끝난 후에도 계속 책을 읽으며, 대학원에도 진학했습니다. 전공자로서 내 마음 알아차림을 위해 심리, 상담 관련 교육에 참여해 마음을 다스리고 있어요. 상담 전과 달라진 게 있다면 제 마음을 상대방에게 많이 표현해요. 마음이 불안해서 신체적으로 어떤 증상이 나타난다거나 지금 너무 화가 나서 어떤 기분이다 등 제 마음 상태를 상대방에게 알릴 수 있게 되었죠.

앞으로 꿈꾸는 삶은 무엇인가요?

"멋지고 당당한 여자, 아내, 엄마=나"가 앞으로 꿈꾸는 삶이에요. 완벽을 추구하기보단 늘 최선을 다하는 여자가 되고 싶습니다. 제가 어렵고 힘들고 고통스러울 때 도움이 되어준 상담으로 저도 돕고 싶어요. 돈을 벌려고 시작한 게 아니라 제가 성장하고 누군가를 도와주고 싶어서 시작한 공부입니다. 지금은 비록 누구 엄마라는 수식어가 제일 먼저 붙는 그녀들이지만 초록빛 에메랄드처럼 마음에 평화를 주고, 정열적인 빨강 루비와 같이 반짝반짝 빛나는 존재라는 사실을 함께 알아가는 상담가가 되고 싶어요.

감사

마음을 밝게 물들이는 감사노트와 사랑 쪽지

도서관에서 눈으로 책을 스캔하던 중《감사의 힘》이 찍혔다. 육아서 코너만 보다가 어느 시점부터는 자기계발서나 소설 쪽으로 몸이 옮겨갔다. 저자인 데보라 노빌은 미국의 심층 뉴스 TV 프로그램 진행자로 유명하다. 그녀는 위대한 성공이 "감사합니다"라는 말을 자주 하는 사소한 습관에서 비롯된다고 말한다.

> '내가 해냈다'며 스스로에게 감사를 느낄 수 있는 것이면 된다. 그것이 바로 행복(eudaemonia, 존재로서의 인간이 행위를 통해 이를 수 있는 최고의 선_아리스토텔레스의 행복론)이라는 것이다. 이것은 결과에서 얻는 행복이 아닌 행동 자체에서 오는 행복과 성취감을 말하는 것이다.

(《감사의 힘》, 데보라 노빌 저, 김용남 역, 위즈덤하우스(2008), p.208.)

'행복은 분명 내 행동과 관계가 있을 텐데….' 더 이상 잡히지 않던 개념이 정리되었다. 내가 행동하고, 나 스스로에게 감사를 느끼는 것이 행복이다. 다른 누구와 비교하여 더 잘하고, 성취해야 행복한 것이 아니라 행복은 나 스스로 감사함에 달린 것이다. 그동안 여러 책을 읽고, 방법을 실천하려 해도 매번 벽에 부딪히곤 했다. 내가 행동한 것만으로 충분한데, 다른 사람들과 비교하며 결과에 만족할 수 없으니 늘 제자리걸음이었다. 내 삶에 대한 감사와 긍정이 빠져있으니 행복이 밑 빠진 독에 물 붓는 것처럼 흘러나갔음을 깨달았다.

하루에 감사한 일 세 가지

이 책에 감사노트를 써보라는 조언이 있었다. 하루를 돌아보며, 감사한 일과 그 이유를 3가지씩 적는다. 단순히 감사하다는 표현에 삶이 바뀐다는 게 신기했다. 오프라 윈프리를 통해 배운 마법의 주문 '된다, 된다'처럼 감사라는 주문도 실험해보고 싶었다. 꾸준히 오래 하지 못하는 편이라 100일을 목표로 정했다. 100일이면 딱 연말까지 맞춰지는 날짜라 작은 수첩을 마련하고, 매일 3가지씩 감사한 일을 적었다. 아이들 재우느라 누우면 함께 꿈나라로 가기 때문에 그 전에 쓰거나 다음날 아침에 일어나서 조용할 때 적기도 했다. 며칠씩 밀렸다가 적는 날도 있었다. 감사노트를 6일째 쓰면서 이전보다 일상을 더 긍정적으로 바라보게 되었다. 순간순간 화가 나고, 기분이 나쁠 때도 조금 더 빨리 빠져나오려고 한다.

무엇보다 일상에서 놓치고 지나갈 뻔한 장면들이 밝은 빛을 받았다. 버스 기사님이 달려가는 나를 위해 기다려준 시간, 야외 행사가 있던 어느 하루의 기막힌 햇살까지도 감사하다고 적었다. 감사한 일과 함께 감사한 이유를 적는 분량도 늘어났다. 처음에는 '다른 사람이 나를 배려해주었다고 느껴서'라고 간단하게 적었다. 점차 '그분이 내게 베풀어준 배려에 감동했고, 나도 본받아서 다른 사람에게 전해주고 싶은 마음이 들어서 감사했다'라며 길어졌다. 외부에서 받은 감사에서 내가 느끼는 마음, 욕구 등도 알아차리게 되었다.

생활은 전과 다를 바 없이 굴러가지만 자신을 미워하고, 부족한 모습만 기억하던 내가 스스로에게, 주변의 친절에 감사하게 되었다. 하루하루 감사노트를 빼먹지 않고, 정리하는 일이 재밌어졌다. 감사노트에 적기 위해 자꾸 찾다 보니 감사할 일이 더 보였다. 내게 일어난 작은 기쁨과 기적에 눈을 돌릴 수 있었다. '나에게 이런 일이 있었네.' '세상이 이렇게 아름다웠네.' 하면서 말이다. 그저 그런 하루로 지나갈 일상에 작은 촛불이 모여 내 삶은 점점 환해지고, 따듯하게 변했다.

감사노트 100일을 완성하니 뿌듯하고 나에게 감사했다. 감사의 힘을 조금씩 깨달으면서 무조건 사랑을 주는 아이들과 함께 힘내서 살아갈 희망을 발견하였다. 과거에 집착하며, 누구를 탓하거나 책임을 미루지 않고 스스로 걸어갈 수 있을 것 같았다. 다른 육아서나 육아 칼럼에 나온 대로 따라하고 흉내 내다가 자책하지 말고, 내가 잘 할 수 있는 방식으로 아이들과 발맞춰 걷기로 마음먹었다. '감사의 힘'은 아이들에게도 물려주고 싶은 유산이 되었다.

늘 사랑하는 엄마로부터

감사노트의 힘을 받아 매일 첫째에게 사랑 쪽지를 써주기로 결심했다. 1학년 때 몇 번 써주고 말았는데 2학년이 되면서 매일 수저통에 짧은 쪽지를 챙겨주었다. 말로 표현하는 게 어색한 사람이라 아이에게 사랑하는 마음을 전하기 좋고, 글로 남는 추억이 될 것 같았다. 포스트잇 등의 작은 메모지에 3~4줄 간단히 적었다. 첫째가 5학년이 된 지금까지 딱 한 번 빼먹고 늘 하는 일이다. 아이에게 3학년 말부터 찾아온 사춘기님 덕분에 분주한 아침마다 사소한 일로 다투고 참다 참다 소리를 빽 지를 때도 있다. 이런 날에는 꼭 쪽지에 미안하다고 남긴다. 그러면 오후에 만났을 때 마음이 풀린 느낌이 든다. 체육대회나 소풍, 시험 등 행사가 있으면 쪽지로 응원의 메시지를 전한다. 특별한 일이 없으면 날씨 이야기, 아이에게 고마운 마음, 엄마가 요즘 느낀 삶의 재미 등을 전한다. 날짜를 쓰고, 끝에는 '늘 응원하는 엄마' '늘 사랑하는 엄마'라고 적는다. 아이가 어떻게 느끼는지 물어본 적은 거의 없다. 밥 먹느라 바빠서 휙 훑어볼지도 모르고, 늘 있는 메모니까 귀하게 여기지 않을 수도 있다. 다 괜찮다. 훗날 아이가 커서 수저통을 열 때 늘 있던 엄마의 쪽지가 기억난다면 그걸로 족하다. 아이가 커서 내 마음을 이해해주고, 자신이 참 사랑받았다고 느낄 수 있다면 더 바랄 게 없다.

사랑 쪽지를 쓴 계기 중 하나는 친정엄마가 싸주신 도시락이 생각나서다. 요즘은 다 급식을 해서 도시락은 일 년에 두세 번 싼다. 나 다닐 때는 초등학교부터 고등학교까지 모두 도시락을 싸갔다. 고등학교 때는 야간 자율학습이 있어서 두 개씩 싸갔다. 그때 엄마는 내 것 두 개, 둘째 두

개, 막내 한 개까지 매일 5개의 도시락을 싸셨다. 세 딸을 위해 15년 가까이 매일 도시락을 챙겨주신 것이다. 다정다감한 표현은 전혀 없던 엄마지만 매일 새벽, 우리가 먹을 음식에 정성을 들이셨다.

고등학교 때 사춘기가 온 나는 부모님과 큰 냉전을 치렀다. 원래는 아빠가 퇴근해서 들어오시면 집안에 냉기가 돌았는데 이때는 내가 집에서 그런 존재였다. 늘 화가 나 있고, 짜증 내고, 톡 건드리면 금방이라도 터질 것 같은 나를 엄마는 말없이 견뎌주셨다. 아빠도 밤에 밖에 나와 말없이 늦게까지 오지 않는 딸을 기다리셨고, 새벽마다 교복도 다리미로 꼼꼼하게 다려주셨다. 그때는 일하느라 고생하시는 줄 알면서도 나만 생각했다. 나만 아프다고, 나만 사랑 못 받았다고, 관심을 주지 않았다고 반항했다. 부모님의 고단함과 정성을 미처 느끼지 못했다.

'엄마, 아빠, 정말 감사해요. 그때 그 도시락 먹고, 두 분 사랑 먹고, 이만큼 자란 거지요. 정말 고마워요. 그리고 죄송해요. 이 철없는 딸은 부모님 마음을 이제야 알아요.'

사춘기에 입문한 첫째가 이제 화난 마음을 보여준다. 부모님이라고 무조건 따르고, 봐주지 않겠다는 무언의 눈빛에 나도 아차 싶은 순간이 있다. 부모가 강자라는 생각을 내려놓고, 이전보다 아이를 더욱 살뜰히 챙기고, 존중하며 가야 한다. 지금껏 보내온 10년보다 더한 난관이 예상되지만, 이제는 안다. 내 일상의 감사함을 찾으면서 감사한 일들이 선명해졌다. 내게 해주신 게 없다고 생각했던 부모님이 어떤 사랑을 주셨는지 확실히 깨달았다. 부모님의 방식대로 사랑을 주신 것처럼 나도 내 방식으로 아이들에게 사랑을 줄 것이다.

엄마
마음성장
인터뷰

이진희

간단히 자기소개, 부탁드려요.

올해 43살, 결혼 16년 차 가정주부입니다. 남편, 중3, 초4 아들, 4살 딸아이와 살아요. 어린이집 교사로 근무하다가 생각지 못한 늦둥이로 셋째를 낳고선 직장을 그만두고, 전업주부가 되었죠. 요리와 살림보다는 책 읽고, 글 쓰고, 배우기를 더 좋아하는 불량 엄마입니다. 요즘 제가 좋아하는 일을 하면서 인생에 가장 행복한 나날을 보내고 있습니다.

엄마로 살면서 힘들었던 점은 무엇인가요?

먹고 자는 문제뿐 아니라 아이 때문에 사람들을 만나고, 배우고, 즐기는 모든 것을 하지 못하는 현실이 가장 힘들었습니다. 첫째를 키울 때는 모든 게 처음이라고 낯설고 두려웠죠. 아이를 데리고 혼자서 병원도 못갈 만큼 겁이 많았어요. 남편이 있어야만 외출할 수 있었습니다. 집에 있는 시간이 늘면서 점점 더 우울해지고 지쳤습니다. 제 에너지를 충전할 방법을 몰랐습니다. 자유영혼인 아들이 오늘은 또 얼마나 힘들게 할지 걱정스럽고 불안했어요. 제가 생각하는 좋은 엄마의 모습과 실제 사이의 괴리가 너무 커서 괴로웠죠. 자기비하와 자책감에 시달렸답니다. 툭하면 화를 내고, 소리를 버럭 지르는 등 분노조절이 안 되었어요. 누구도 이런 모습이 당연하다고 말해주지 않았습니다. 남편이 곁에 있는데도 외롭고 힘들었어요. 나만 이상한 여자가 된 듯 내 안의 낯선 나로 인해 당황스러웠죠.

힘들 때, 변화 계기와 도움이 된 활동은 무엇인가요?

신앙생활과 일기 쓰기가 큰 도움이 되었어요. 기도하면서 마음을 비우고, 채우고를 반복하면서 살아갈 이유를 찾았죠. 감정의 홍수가 날 때마다 일기에 감정을 쏟아내다가 감사일기를 쓰게 되었습니다. 평소에 쓰던 일기와 달리 기분이 좋아져서 감사일기의 매력에 푹 빠져들었어요. 매일 쓰는 게 쉽진 않았지만 '감사'는 제 인생의 가장 중요한 키워드가 되었습니다. 제 모습 그대로 인정하고 사랑하게 되었으니까요. 《땡큐레터》를 읽은 뒤엔 감사편지를 쓰기 시작했습니다. 지금까지 300여 통의 감사편지를 쓰고 전하면서 제 안에 머무르던 감사에너지를 타인에게 흘려보냈습니다. 감사하면 할수록 더 큰 감사가 제게 찾아왔어요. 사람들과의 관계가 더 돈독해지고, 귀한 인연을 많이 만났죠. 덕분에 매일 감사의 기적을 체험하고 있어요.

앞으로 꿈꾸는 삶은 무엇인가요?

매일, 평생 감사하는 삶, 감사의 마중물이 되어 사람들의 마음 펌프에서 감사의 샘물이 펑펑 쏟아지도록 돕는 대한민국 1호 마인드 파워 감사전문가를 꿈꿉니다. 감사를 주제로 하는 책을 준비하고 있어요. 아름다운 감사의 향기가 나는 작가가 되고 싶어요. 특히 방황하는 청소년, 교정시설에 있는 분들, 육아에 지친 엄마들에게 희망을 전하고자 합니다.

도움

조건 없는 사랑무한대, 나눔

엄마치유 집단상담을 진행하면서, 다른 형태의 모임을 해보고 싶었다. 아이들을 양육기관에 보내고 홀로 남아 빨래나 청소하기 바쁜 엄마들이 좋은 에너지를 받길 바랐다. 한창 모임을 구상하다가 '나눔'이란 주제가 떠올랐다. 예전에 들은 부모교육 강의에서 강사님이 자신이 좋아하는 책이라며 가져와서 추첨으로 나눠주셨다. 나도 당첨되어 책을 선물 받았다. 강사님은 돈을 기부하거나 봉사하는 활동 외에 우리가 가진 것을 주변과 나누는 일도 '나눔'이라고 말씀하셨다. 그때 생각지 못한 선물로 나눔의 의미가 새로워졌고 나누는 사람이 되야겠다고 마음을 다졌다.

나눔으로 만나는 세상

블로그를 통해 전국 각지 8명의 엄마가 만나 아이들과 함께하는 착한 공정여행이란 취지로 '엄마딸 여행 모임'을 하고 있다. 멤버인 손바느질 작가 꼼지맘 언니는 이런 나눔의 경험이 많다. 시각장애 어린이를 위한 책을 계획하고, 만들어서 맹인학교에 무상으로 보내는 일을 재능기부로 진행해왔다. 점자책이 있더라도 시각장애 아동이 그림을 만져서 상상할 수는 없다. 아이들을 위한 동화를 구상하고, 그에 맞는 그림을 천에 바느질하여 촉각으로 느끼며 상상할 수 있도록 제작했다. 신발 끈 묶기, 단추 끼우기, 지퍼를 잠그기 등의 활동으로 구성한 촉각책《혼자서도 잘해요》는 점자가 함께 들어가서 맹인학교 저학년 아이들에게 꼭 필요하다. 그러나 수공예 작업으로 비용이 많이 들다 보니 보급이 어려웠다. 꼼지맘 언니는 크라우드 펀딩으로 제작비를 마련했다. 바느질 나눔의 손길도 필요했다.

지역이 가깝고 흔쾌히 수락해주셔서 솜씨는 모자라지만 넘치는 마음으로 나도 도전했다. 힐링맘에 참여했던 분들께 도움을 요청해서 나까지 5명이 모였다. '마더공방'이라는 이름도 지었다. '마음더하기 공방' '엄마들의 공방'의 줄임말이다. 예쁘고, 넓은 테이블이 있는 카페를 아지트 삼아 일주일에 한 번씩 오전에 모여 바느질하며 커피도 마시고 이야기를 나눴다. 처음에는 서툴러서 실수하고 잘못 꿰매기도 했는데 하다 보니 번뜩이는 아이디어도 나오고, 모양도 예뻐졌다. 카페에서 편하게 수다 떨면서 아이들에게 도움이 되는 책을 만드는 게 뿌듯하고, 대단한 일이라도 하는 듯 비장한 각오도 생겼다.

3월부터 7월까지 5달 동안 모임에 참여했다. 다들 소소한 재미를 느끼며, 이 시간을 아꼈다. 역시나 아이들이 관심을 보였기에 시각장애 아이들의 어려움과 필요도 알려주고, 나눔의 방식은 여러 가지라는 사실을 가르쳐주었다. 한번은 꼼지맘 언니에게 점자촉각책 주제로 방송 섭외가 들어와 우리도 함께 출연했다. 화면에 나온 우리 모습도 신기했지만, 아이들에게 점자책을 전달해주는 모습에 감동했다. 아이들이 우리가 만든 책을 손으로 짚어보며, 만졌다 풀었다 하는 장면은 큰 선물이었다. 다들 더 잘 만들걸, 모서리에 다치지 않게 신경 쓸걸 하며 엄마의 마음을 더했다.

꽃씨를 뿌리는 마음

바버러 쿠니 작가의 동화책《미스 럼피우스》에 보면 럼피우스가 소녀일 때 할아버지가 세상을 좀 더 아름답게 만드는 일을 해야 한다고 말한다. 어른이 된 럼피우스는 루핀 꽃씨를 마을 곳곳에 뿌리며 다닌다. 이듬해 마을 전체가 온통 환한 꽃밭이 되었다. 럼피우스는 자기 방식으로 세상을 아름답게 만들었다. 엄마가 되고 사람들을 만나고, 세상을 알아가면서 아름다운 일이 무엇인가 고민해보았다. 나와 우리 가족의 행복도 중요하지만, 내가 살아가는 세상도 함께 행복해지면 좋겠다는 생각이 들었다. 그동안 나와 맞지 않는 곳에 잘못 태어나서 사람들에게 관심도 못 받고, 맞춰 살기도 힘들다며 세상을 탓했다. 그런데 엄마로 살면서 아이들의 마음과 부모의 심정을 깨달았다. 내가 나를 바라보고, 위로하고, 응원하면서 세상이 조금씩 따듯하게 느껴졌다. 기부와 봉사로 똘똘 뭉친 삶이 아니어도 내 방식으로 세상을 아름답게 만드는 일을 하고 싶어졌다. 나도 사람들 마음에 꽃씨를 뿌리고 싶었다. 이미 뿌려진 꽃씨에 물을 주고, 햇볕을 쬐어주고, 예쁘게 봐주고 싶었다.

엄마들의 개인상담 프로그램 '엄마쉼표'를 시작하고 한 달 뒤에 주현씨를 만났다. 그녀는 아기 때부터 앓아온 지병으로 약을 복용 중이었고

4살, 2살 아이들을 키우고 있었다. 첫날에는 남편이 함께 와서 복도에서 아이들을 돌봤다. 주현 씨는 한눈에 봐도 많이 지쳐 있어서 자신을 돌볼 상황이 아니었다. 입안은 염증으로 부었고 허리와 발도 성치 않았다. 가장 큰 걱정은 자살시도였다. 그래서 남편까지 동행한 것이었다. 아내가 밖에 나간다고 하면 한강에서 뛰어내릴까 봐 불안하다, 부엌에서 칼을 만지지 못하게 하고 있다는 남편의 얘기도 들었다. 아이들도 몸이 약해서 감기, 중이염, 아토피가 심했다. 엄마는 몸이 너무 아프고 힘들 때면 아이들을 놓고 싶을 만큼 괴롭고, 자책한다고 했다. 친정 가족의 비난과 질책, 최악의 경제 상황까지 절망적이었다. 다행히 주현 씨를 지지해주는 남편과 친구들이 있어서 버텨왔다. 상담을 받겠다고 찾아온 힘이 살아보고 싶다는 절실한 희망 같았다.

장기적으로 상담비를 내면서 다니긴 어려운 형편이라 두 번째 회기부터는 나의 나눔으로 진행하였다. 한 분이라도 도울 수 있다면 해보자고 생각하던 무렵에 딱 주현 씨를 만났다. 벌써 2년이 흘러 50회기가 넘는 상담을 이어왔다. 아무리 무상이라도 상담에 50회기까지 참석하기는 절대 쉽지 않다. 대부업체 사람들이 쳐들어온다든지 새벽까지 부업하느라 본드 냄새를 맡는다든지 삶의 큰 파도에서 오르락내리락하면서도 주현 씨는 상담의 끈을 잡고, 신앙의 힘을 믿으며 아이들을 위해 묵묵히 버텼다. 옆에서 지켜보는 나도 어떻게 헤쳐 갈까 막막해지고, 안쓰러웠는데 본인은 얼마나 힘들었을지 짐작도 못 하겠다. 그녀는 장기간 상담으로 주변의 비난에서 자신을 보호하는 힘이 생기고, 진심으로 챙겨주는 주치의 선생님도 만났다. 기적처럼 경제적으로 급한 문제도 해결되었다. 내 일처럼 기뻤다. 상담으로 만나는 마지막 날까지 앞으로도 주현 씨의 꽃씨에 물을 주고, 햇볕이 되어 드릴 것이다. 이것이 내가 할 수 있는 가장 아름다운 일이기 때문이다.

엄마
마음성장
인터뷰

노애경

간단히 자기소개, 부탁드려요.

서울의 끝자락 도봉구에서 세 아이를 키웁니다. 일상의 제 모습에 매일 웃고, 울며 살아요.

엄마로 살면서 힘들었던 점은 무엇인가요?

뜨거운 팬에 튕겨 올라오는 팝콘처럼 기억들이 팡팡 튀어 오르는데 거기서 하나만 잡아볼게요. 제가 싫어하는 제 모습을 자꾸 발견하는 시점인 것 같아요. 아이에게서 싫어하는 제 모습을 보거나 계획하고, 원하는 대로 안 되면 화가 납니다. 엄마로서 할 일이 너무 많은데, 그걸 다해야 한다는 강박감이 심했고, 그 일상이 싫어서 화가 쌓였나 봐요. 그 화는 바로 아이들과 가족에게 돌아가는 악순환이 이어졌죠.

힘들 때, 변화 계기와 도움이 된 활동은 무엇인가요?

저는 단기적인 일, 기발한 일, 그냥 제가 하고 싶은 일은 두발 벗고 뛰어들어 쉽사리 잘해내요. 그런데 하루아침에 안 끝나는 세 아이의 육아(특히 연년생 영유아 둘의 육아)는 저를 육체적으로, 정신적으로 지치게 하고, 절로 겸손하게 하는 인생의 긴 터널 같은 시간이었어요. 그때, 터널을 벗어나는 계기가 생겼습니다. 육아로 고민하는 엄마들에게 상담해주는 일이었죠. 제가 제일 자신 있는 일이고, 같은 어려움을 겪어보니 독박 육아맘에게 공감할 수 있어서 5년 동안 계속하고 있어요. 힘든 일이 있을수록 제가 좋아하는 일, 잘하는 일을 찾아서 저를 끌어올려요. 그러면서 즐기고 회복합니다. 육아 상담을 하면서 엄마들이 집에서 벗어나 밖으로 나오게 하고, 두세 명이 함께 육아하는 자조모임을 권장하고 도와드렸어요. 주부에서 마을 활동가, 생태계적 구조와 관계를 갖는 네트워커가 되게 했죠. 몸은 힘든데 '나눔, 정의, 더불어'라는 단어를 지향하면서 육아관, 교육관, 정체성을 하나하나 세울 수 있었죠. 나(엄마)가 바로 서고, 행복해야, 뛰어오는 아이를 받아 안아줄 수 있었어요. 엄마는 힘이 있어야 합니다. 그래야 자리를 지키며, 기다리는 육아를 할 수 있어요.

앞으로 꿈꾸는 삶은 무엇인가요?

오늘 안에 '더불어'와 용기를 넣어놓고 지내는 거예요. 나와 가족의 소중함을 알고 작은 것에 감사하며, 그걸 주변에 나누는 즐거운 삶을 원해요. 아이들도 소소한 행복을 느끼며 살면 좋겠어요. 상투적이라고 여겼던 행복, 평안, 느림 같은 단어가 어른이 되면서 점점 묵직하게 다가오네요. 심장이 간절히 원합니다.

용기

'나'로서 알을 깨자, 새로운 꿈

다시 심리상담센터에서 본격적으로 내 꿈을 실현하고 싶었다. 첫째 임신 때부터 두 아이의 출산과 육아를 우선시하며 몇 년 동안 일에 매진하지 못한 상태라 위축되었다. 포기하지 않고, 한 방울씩 떨어지듯 경력을 이어오던 나도 조바심이 나는데, 아예 경력이 단절된 엄마들이 새롭게 도전하기는 쉽지 않을 것이다.

깨알같이 인생을 가꾸는 엄마들

도서관에서 아이들과 엄마들이 일주일에 한번 하던 품앗이 모임에서 엄마들만의 모임을 따로 만들었다. '깨알같이 인생을 가꾸는 사람들의 모임'이라는 뜻의 '깨가회'. 원래 모임을 잘 만들고, 늘 유머러스한 언니가 주최를 했다. 두 달에 한 번씩 모여 밤마실 하며 자신의 인생을 가꾼 이야기를 나눴다. 이때는 서로 존댓말을 쓰고, 엄마로서가 아니라 '나'의 인생을 위해 어떻게 보냈는지 이야기했다. 정식으로 자기 인생을 위해 노력한 부분을 경청해주는 자리가 뜻깊었다. 내가 어떻게 살아왔는지 수첩에 정리하며 점검하고 모이는 날을 손꼽아 기다렸다. 혼자라면 다 경험 못 했을 일들이다. 든든한 엄마친구들이 있어서 서로의 재능과 마음을 나누며 함께 성장할 수 있었다.

이지성 작가의 열렬한 팬을 자처하는 어느 블로거의 글을 통해 이미 베스트셀러였던 책 《꿈꾸는 다락방》을 뒤늦게 읽었다. 그 책에서 꿈을 이루는 방법들에 시선이 갔다. 이루어진 것처럼 상상하고, 실제 장소에도 가서 둘러보고, 내가 있는 것처럼 연상하라는 데 필이 꽂혔다. 이력서를 보내놓은 심리상담센터의 홈페이지에 들어가서 센터 사진들을 쭉 둘러봤다. 눈을 감고 마치 거기서 일하는 것처럼 상상해봤다. 얼마 뒤 그 근처에 갈 일이 생겨서 상담센터도 찾아갔다. 빌딩의 엘리베이터를 탈 때부터 심장이 두근두근 뛰었다. 차마 들어가지는 못하고, 이렇게 생긴 곳이구나 하면서 문 앞에 서서 유리문 너머를 30초 정도 둘러봤다. 옆에 신발 갈아 신는 아이들이 쳐다봐서 오래 있지 못했는데도 꽤 길게 느껴졌다. '그래, 됐어. 이제 내가 여길 오게 될 거야' 하고 신나게 집으로 돌아왔다.

엄마로 열심히 살아온 내공

친정식구들과 오래 별렀던 해외여행을 마치고 공항에서 휴대폰을 켜자마자 모르는 전화번호와 메시지가 떴다. 그 심리상담센터였다. '늦었으면 어떡하지, 안 되는데' 하면서 얼른 전화를 드렸다. 덜덜 떨며 이사님과 통화하고, 면접을 보러 오라는 말을 들었다. 올해 이력서를 낸 지 9개월이나 되었는데 그보다 더 더딘 며칠이 흘렀다. 오랜만의 면접이라 떨려서 어떤 자세를 취해야 할지도 몰랐다. 그냥 편하게 말씀드리고 듣는 수밖에 없었는데 무사히 면접이 끝나고 12월 2일 첫 출근을 했다. 3월에 들어가겠다고 마음먹어 용기 내고, 그해 끝자락에 드디어 꿈이 이루어진 것이다. 이게 꿈인가 생시인가. 머릿속으로 내가 거기 있는 듯 상상해보고, 8월에 와서 둘러본 그곳에 이제 당당히 문을 열고 들어간다. 어쩌면 그냥 가만히 기다렸어도 연락이 와서 다니게 되었을 수도 있다. 하지만 간절히 원하는 마음을 인정하고, 이루기 위해 여러 방법을 써보면서 행복했다. 나를 위해 긍정적으로 움직인 자신에게 고마웠고 좋은 결과까지 생기니 신이 났다.

상담센터 일에 적응하는 데도 시간이 걸렸다. 일을 쉬다가 와서 눈치를 살피게 되고, 의사소통 과정에서 내 입장만 생각하고 움직일 때도 있었다. 아이들을 맡기고 출근하니 시간에 쫓겨 일하고, 끝나면 쪼르륵 달려가 아이들을 챙기느라 정신이 없었다. 하지만 누구나 처음 일하는 곳에서는 어려움이 있다고 생각했다. 상담일로 엄마 역할과는 다르게 또 나를 넓혀가고 있다. 엄마로 살며 행동반경이 좁아져 사회 부적응자처럼 느껴지고, 내 삶이 없어진 것 같아 원망스러울 때도 있었는데 일하면서 그 생각이 바뀌었다. 상대방을 이해하는 마음이 커져서 기분 나쁠 일도 상대방 입장에서 생각해보고, 내 마음이 감정에 휘둘리지 않았다. 예전보다 한결 여유가 생겼다. 무엇보다 아이들과 엄마들을 만나는 상담 장면에서 그 사람이 느꼈을 감정에 공감하는 수준이 깊어졌다. 엄마들에게 교과서적인 이론보다 마음에서 우러나오는 위로와 조언을 해주고, 아이들의 입장에서 원하는 욕구와 행동을 알아차리기가 쉬워졌다. 엄마로 열심히 살아온 내공 덕분이다. 아이와의 관계에서 처참히 실패하고 깨지기도 하고, 남편과 치열하게 싸우기도 하며 아픔이 있었지만, 내 그릇이 커졌다. 파편에 찔리는 게 아니라 알을 깨고 나온 새처럼 더 넓은 세상을 만나고, 날아갈 용기를 얻었다.

마음의 소리를 입 밖으로 내기

집단상담, 개인상담, 강의를 하며 엄마들과 만날 때, 다시 일하고 싶다는 이야기를 종종 듣는다. 아이를 최대한 돌보지 못해 미안한 워킹맘들과 반대로 전업주부에게는 아이를 직접 키우는 보람은 있지만 자신을 잃을 것 같은 두려움도 있다. 경력 단절로 전에 하던 일도 못하고, 아이들 때문에 시간이 자유롭지도 않고, 새로운 도전을 하자니 과연 될까 싶다. 엄마들을 만날 때 지금 이 순간 자신의 욕구 즉, 자신이 원하는 것들을 알아차리며 말이나 글, 그림으로 표현해 보도록 한다. 집단상담에서 별칭을 정할 때 자신이 꿈꿨거나 꿈꾸는 이름을 적어보기도 한다. 자신의 성을 붙여 ○사장님, ○과장님, ○교수님, ○경찰관님, ○검사님, ○선생님이라 적고 부른다. 처음엔 어색해하다가도 자연스럽게 받아들이고 즐긴다.

요즘 내가 참여해온 모임들이 대폭 축소됐다. 숲모임, 도서관모임 등 활발히 해오던 활동이 사라지는 것은 아쉽지만, 대부분 엄마들이 바빠졌기 때문이다. '깨가회' 모임을 비롯해 많은 엄마가 책을 쓰고 강사가 되는 등 새로운 직업을 갖고, 공부하고, 파워블로거가 되고, 마을지원 사업에 참여하는 등 변화가 있었다. 당연히 아이들을 더 열심히 키우는 분들도 있다. 경제적인 상황, 자기계발과 만족, 나눔을 위해 아이들도 소홀히 하지 않으며 자신이 진정 원하는 길을 찾아 발견하고, 열심히 하는 모습이 행복해 보인다. 엄마로 잠시 자신을 내려놓던 시간들이 결코 버려지는 것이 아니다. 분명히 나를 넓고 깊은 그릇으로 만들어준다. 나는 엄마 친구들과 함께 하며 큰 힘을 받았다. 나 역시 자신의 꿈을 향해 전진하는 엄마들을 열렬히 응원한다.

엄마
마음성장
인터뷰

석주옥

간단히 자기소개, 부탁드려요.

저는 43살, 초등학교 6학년 딸아이 엄마입니다. 현재 전업주부로 파티플래너 과정을 수강하며 미래의 직업을 준비하고 있어요.

엄마로 살면서 힘들었던 점은 무엇인가요?

아이를 낳고 약해진 체력으로 기저귀 가방, 이유식 가방, 여벌 옷 챙겨 외출하고 삼시 세끼를 차려야 하는 가사노동이 가장 힘들었어요. 늘 엄마가 해주시는 밥만 먹다가 매일 가족을 위해 식사를 준비하는 밥순이가 된 것 같아 많이 힘들었습니다.

힘들 때, 변화 계기와 도움이 된 활동은 무엇인가요?

우연히 저자 강의를 들었는데 작가님이 '우리는 엄마이고 아이를 키우는 것은 업보다. 나를 인정하고 내가 행복할 수 있도록 나를 꾸며라'라고 말씀하시더라고요. 저는 먼저 운동을 시작하면서 저를 돌아봤어요. 매일 편한 트레이닝복에 머리를 질끈 묶은 처량한 아줌마의 모습이었죠. 좋아하는 취미 생활도 찾았어요. 도자기 동호회에 들어가서 선배 맘들과 도자기를 만들면서 많은 경험담과 조언을 듣고 변하기 시작했습니다. 자연스럽게 스트레스도 줄고 아이와 남편에게 잘해주게 되었어요. 제가 아는 정보와 제 일상을 블로그에 올리면서 저랑 비슷한 분들과 소통하며 지냈죠. 서로 공감하는 친구가 있어서 아주 행복해졌습니다. 지금은 멘토, 멘티가 생겨서 함께 여행도 하며 잘 지내요.

책을 좋아하는 딸아이 때문에 도서관에 자주 가고 자연스럽게 저도 책을 읽었습니다. 책에서 얻은 다양한 지식 덕에 자존감도 높아지고 자신감도 생겼어요. 그리고 딸아이의 소심한 성격을 보면서 저를 돌아보며 적극적이고 활동적인 엄마가 되려고 노력했습니다. 지금은 모르는 게 있으면 당당히 모른다고 말하며 기죽지 않고 밝게 지내요.

앞으로 꿈꾸는 삶은 무엇인가요?

남편, 아이와 제가 직접 설계한 예쁜 집을 짓고 게스트들을 초대하여 작지만 아름다운 파티를 열고 싶어요. 마음이 아픈 사람들이 오면 소통하고 공감해주면서 치유할 수 있는 게스트하우스의 호스트, 매일 파티하는 여자, 파티플래너로 살고 싶습니다. 작은 것에 감사하고 서로의 마음을 인정하며 소통하는 삶을 살고 싶습니다.

수용

매일 바라보고 보듬기, 마음챙김 명상

상담 분야도 시대에 따라 유행이 있다. 프로이트의 정신분석학이 그랬듯이 얼마 전엔 아들러의 긍정심리학이 사람들 입에 한창 오르내렸다. 요즘에는 마음챙김(MBSR, Mindfulness-Based Stress Reduction) 명상이 사람들에게 좋은 평가를 얻고 효과를 입증하기도 해서 많은 관심을 받고 있다. 나는 끌리면 해보고야 마는 성격이라 기회를 엿보다가 가까운 곳에 위치한 마음복지관 프로그램을 통해 마음챙김 명상을 배웠다.

마음챙김 명상 프로그램은 1979년 메사추세츠 대학병원의 존 카밧진(Jon Kabat-Zinn)이 불교의 명상법을 이용해 만든 스트레스 감소 프로그램이다. 불교의 명상법에서 일반인이 받아들이기 쉽고 적합한 것을 선별하여 재구성했기 때문에 자신의 종교, 문화에 상관없이 참가할 수 있다. 마음챙김(mindfulness)은 자기 자신과 외부세계에서 일어나는 현상에 주의를 기울여 '있는 그대로' 바라보는 훈련을 통해 그것을 통찰할 지혜를 얻는 명상이다. 첨단기업 구글에서도 마음챙김 명상을 직원교육에 포함

했다. 하루에 2~3시간가량 명상을 배우면서 7주 안에 마스터하는 과정이다. 이를 통해 불안감에서 벗어난 구성원들이 직장 내 인간관계의 갈등에서 자유로워졌고 동기유발을 높이며, 성과창출까지 이어졌다.

나를 있는 그대로 바라보는 연습

MBSR 지도자 선생님께 명상의 원리와 마음의 작용에 대해 배웠다. 본격적으로 마음챙김 명상을 할 때는 방석 위에 둥글게 둘러앉아 편하게 몸을 이완하고, 정자세로 앉는다. 아름다운 소리가 울려 퍼져서 싱잉볼(Singing Bowl)이라 불리는 커다란 놋그릇 같은 명상 주발이 있다. 싱잉볼이 잔잔히 울리면, 눈을 감고 30분 정도 명상을 한다. 고요함 속에 내 마음에서 올라오는 생각들을 알아차리고 바라본다. 간지럽거나 다리가 저리거나 소리가 거슬리는 등 내 몸에서 올라오는 것들에 바로 반응하기보다 잠시 몸의 변화를 바라본다. 온전한 나를 만나는 시간이다. 자신을 알아차리고 상황에서 빠져나오고 분리하고 바라보는 과정에서 스트레스에 대처할 능력을 키우는 것이다.

'나는 내 자신이 행복하고, 평화롭기를 바라며, 슬픔과 괴로움에서 벗어나기를 바랍니다.'

자애명상으로 자신과 타인에 대한 친절함을 높이는 연습도 한다. 명상시간 외에도 버스를 타거나 혼자 있는 시간이면 눈을 감고 주문을 외우듯이 생각날 때마다 이 말을 중얼거렸다. 나를 사랑하고, 응원하려 하지만 예전처럼 비난하고, 아프게 할 때도 있다. 나를 위한 사랑이 훨씬 더 몸집이 커져야 비난하고, 괴롭히는 것도 약해진다. 주어를 바꿔가며 아이, 가족, 친구, 주변 사람, 세상을 위해 자애명상을 한다. 나만 위하는 것이 아니라 다른 사람들을 위해 명상을 하면서 선한 기운을 보내는 것이다. 나를 아프게 한 대상에 대한 자애명상은 자신에게 어느 정도 힘이 생겼을 때 하는 것이 더 좋다.

무엇이든 매일 조금이라도 꾸준히 실행하는 것이 중요하다. 결혼 전부터 명상을 접했지만, 혼자 있는 시간에 명상을 실천하기가 어려웠다. 두 달간의 수업이 끝나고, 혼자서 하면 자꾸 빼먹어서 경험을 공유하고자 수업 들으신 분들과 모임을 만들었다. 만남이 내적 충만함의 노래로 흘러나오는 그릇이 되길 바라며 모임 이름은 '싱잉볼'로 지었다. 2주나 한 달에 한 번 모여서 명상을 하고 느낌을 나누고 명상 책도 읽었다. 모임이 없는 날에는 각자 일상과 명상 수행과정에 주의를 기울이며 얻은 깨달음을 올려서 공유하였다. 집단상담처럼 명상하며 떠오른 과거의 상처를 자연스레 이야기하게 되는데 명상모임은 감정을 공감하고, 표현하게 하기보다 현재 올라온 자신의 감정을 알아차리고, 바라보며 느끼는 경험을 나누는 점이 다르다.

육아의 흔들림 속 균형 잡기

2년 전부터 지금까지 매일 아침, 지도자 선생님께서 보내주시는 문자에 늘 감사하다. 선생님은 수행하면서 얻은 깨달음이나 지식, 좋은 문구들을 보내주신다.

'걱정과 불안은 마음에 자주 놀러 오는 손님입니다. 싫어하지 마시고 따듯하게 맞이하세요. 푸짐하게 한 상 차려주고 충분히 놀다 가도록 하세요. 걱정과 불안이 우리를 힘들게 하는 게 아니라 걱정과 불안을 대하는 태도가 나를 힘들게 하는 것입니다. 마음챙김!'

매일 새로운 문자를 읽기 전부터 마음이 따듯해진다. 읽고 나면 마음이 고요해진다. 올라왔던 여러 가지 감정, 욕구, 생각들이 쑥 내려가서 안정을 찾는다. 선생님께서 매일 챙겨주시는 그 마음과 정성에 내 마음이 반응하는 것이다.

육아 과정에서 완벽한 하루도 있지만 여지없이 무너지고, 요동치는 날도 만난다. 이제는 이런 일상의 반복에 실망만 하지 않는다. 마음챙김 명상이 익숙해지면 아이와 있을 때도 올라오는 화, 당황스러움, 걱정, 불안, 기쁨, 슬픔 등의 감정들을 알아차리고, 바라본다. 쉬고 싶고, 졸리고, 배가 고프고, 대화하고 싶은 나의 욕구들을 선명하게 알아차린다. 감정과 욕구를 알아차리면 행동을 선택할 수 있다. 감정에 휩쓸리지 않고, 현명한 거리를 둘 수 있다. 감정대로 행동한 뒤에라도 알아차리면, 내 행동 때문에 상처받은 아이의 마음을 보듬어줄 수 있다. 인생의 파도와 주변의 혼란에서 내가 중심을 잃지 않는다. 선장이 배의 책임자로서 키를 잡고 가야 하듯이 파도에 삼켜지거나 배를 내팽개치지 않고, 내 인생의 선장이 되어 운항해갈 것이다.

엄마
마음성장
인터뷰

이미수

간단히 자기소개, 부탁드려요.

40대 평범한 대한민국 여자입니다. 안전한 먹거리와 건강한 삶에 관심이 많고, 틈나는 대로 책을 자주 읽어요. 관련 강좌와 독서동아리에서 정보를 얻습니다만 이론만 앞서고 실천은 더딘 10여 년 경력의 차 주부예요. 어떻게 하면 우리 가족 구성원이 각자 행복해질까 고민하다가 엄마인 제가 행복해져야겠다는 작은 깨달음에 '여전히' 좌충우돌하며 지구 한 편에서 열심히 살아갑니다.

엄마로 살면서 힘들었던 점은 무엇인가요?

엄마로서의 삶과 내 삶의 욕구가 충돌할 때 가장 힘들었어요. 아이를 잘 키우고 싶다는 욕심은 온갖 육아서적을 읽어내며 실천하다가 제풀에 꺾이고, 가르치는 직업을 갖고 싶어 나름대로 공부하다 좌절하고, '부모와 학부모 사이'를 아슬아슬하게 줄타기하면서 쌓이는 불만과 불안을 가족 특히 아이에게 터뜨리는 제 모습을 보면서 점점 저에게 실망감이 쌓여갔습니다.

힘들 때, 변화 계기와 도움이 된 활동은 무엇인가요?

평범한 생활인데 나는 왜 고통스러운가를 고민했습니다. 그 답을 찾으려고 여러 가지 시도를 해보았죠. 제 장점은 의문이 생기면 답을 찾고자 꾸준히 시도한다는 거예요.

아이들이 행복한 사회, 교육환경을 만들기 위해 고민하는 엄마들 모임에 참여해 치열하게 의견을 나누고, 동생의 권유로 마음챙김 명상수업을 듣기도 했습니다. 엄마들 모임은 가족에게만 향한 시선을 세상으로 향하게 도와주었고, 마음챙김 명상수업은 나를 바로 볼 힘을 주었습니다. 특히 명상은 수업이 끝난 후에도 홀로 명상시간을 챙기고 관련 책을 읽으며 공부하고 있어요. 아직 부족하지만 여러 수행법으로 나 자신과 마음 또는 생각을 분리하고 올바르게 관찰하는 그 짧은 시간의 합이 굉장히 힘이 됩니다.

앞으로 꿈꾸는 삶은 무엇인가요?

앎과 행동이 일치하는 삶!

확신

인생의 패러다임 혁명, 버츄 프로젝트

1년 전, 운전하고 가다 라디오를 틀었다. 책 소개 코너는 끝나가고 아이들을 사랑해주시는 선생님을 꼭 모셔서 이야기 나눠보고 싶다는 DJ의 마지막 멘트만 들었다. 무심코 흘려들을 수도 있었는데 꼭 찾아봐야겠다고 마음먹고 가물가물한 기억으로 인터넷에서 검색했다. 신간인데 인기가 좋아 벌써 베스트셀러 순위에 오른 책《그 아이만의 단 한사람》, 내가 그토록 찾은 분은 '권영애' 선생님이었다. 선생님의 블로그로 들어가서 이웃을 맺고, 간간히 소식을 찾아보았다. 잠시 켰던 라디오를 통해 나에게 큰 변화를 주는 인연이 시작되어 지금도 신기하다.

권영애 선생님은 버츄 프로젝트를 학급 아이들에게 적용하면서 마음이 아프고 다친 아이들뿐만 아니라 모든 아이에게 사랑과 미덕을 가르친 분이다. 아이들에게 우주 최고 선생님이란 상을 받는다는 것은 그냥 사랑을 주는 정도가 아니라 한 명 한 명에게 온 마음과 정성을 다 쏟아부은 결과이리라. 두 아이를 키우면서 지치고 힘들다고 징징대는 엄마로서는 교실에서 30명 가까운 아이들에게 골고루 사랑을 주는 일은 감히 상상할 수도 없다. 학부모일 때 선생님들께 무턱대고 높은 기대만 했는데, 일로 만난 선생님들의 고충을 들으니 다시 생각하게 되었다. 방학마다 집중치료를 받을 만큼 에너지가 다 소진되고, 몸이 만신창이가 되고, 문제를 일으키는 아이 때문에 정신과 상담을 받아야 할 만큼 스트레스에 시달리는 분들이 적지 않았다.

우리는 이미 온전한 존재

그런데 버츄 프로젝트는 도대체 뭐길래 권영애 선생님께서 모든 아이에게 사랑과 미덕을 가르치는 일이 가능했을까? 선생님들이 아닌, 엄마들에게 가르치는 수업 1호로 운 좋게 권영애 선생님을 만났다. 첫 시간부터 감동의 도가니였다. 선생님이 생생하게 들려주는 아이들의 아픔, 사랑으로 변화된 치유의 힘에 다들 눈물을 흘렸다. 엄마들이 훈육이란 이름으로 던지는 비난, 분노와 체벌에 아이들이 아프고 상처받았을 텐데 그 마음을 모른 체해서 미안했다. 알면서도 안 되는 나 자신 또한 비난했는데 그 해답의 열쇠를 찾았다.

여태껏 들어온 강의나 육아서를 통해선 배운 대로 잘 해야만 내가 괜찮은 사람이 되는 줄 알았다. 잘 해내는 사람들은 칭송받고, 대단하다고 인정받는데 안 되는 나 자신을 초라하게 느끼고 자꾸만 비교했다. 버츄 프로젝트의 기본철학은 모든 사람의 내면에 이미 미덕이 존재한다는 것이다. 그 미덕을 찾아내 깨우고 잘 연마해서 다이아몬드로 빛낼 수 있다. 그 미덕은 사랑, 친절, 용기, 중용, 감사, 예의, 인내 등 우리가 이미 아는 것들이다. 아이들을 대할 때 내가 못했더라도 잘못된 사람이 아니므로, 내 안의 미덕을 다시 깨우고, 갈고 닦아보려 하면 된다. 훈육할 때도 혼내고, 소리 지르는 게 아니라 문제 상황을 배움의 순간으로 인식하고 그 상황에서 필요한 미덕을 찾아 아이에게 알려주고, 용기를 북돋아 준다. 이 간단한 명제가 내 무의식의 패러다임을 완전히 바꿔놓았다. 나는 이미 온전한 사람이고, 내 안에 벌써 다 존재하고, 갖고 있다. 완벽을 위해 늘 분주히 노력하고, 아등바등 살아야 하는 존재가 아니다. 평가라는 잣대로 판가름 나지 않는 존재였다, 이미 나는.

'버츄 육아'를 알리고픈 소명

5주 차 강의가 끝날 때까지 함께 들은 엄마들 모두 눈이 반짝반짝 빛났다. 살면서 경험하지 못한 참사랑의 모습을 배워서 아이들에게 전해주고 싶은 마음이었다. 버츄 프로젝트를 한다 해도 아이들을 온전히 품어주지 못할 때가 많지만, 그때마다 다짐한다. '지금은 내가 피곤하고 지쳐서 마음을 못 봐줬어. 일상의 균형을 찾는 중용의 미덕을 깨워주자.' 아이의 실수와 잘못을 비난하기보다 아이의 미덕을 깨워주는 방향으로 이야기할 수 있다. 이제 엄마로 살아갈 튼튼한 성벽을 쌓았음을 알아차렸다. 만 10년을 엄마라는 이름으로 고군분투하며 얻은 귀하디귀한 선물이었다.

'현순아, 넌 이미 온전한 존재야. 소중해. 미덕들을 깨우고, 갈고 닦아 다이아몬드로 빛내보자.'

버츄 프로젝트의 전문가 교육까지 모두 이수하고, 가슴이 또 설렜다. 미덕을 중심에 두는 육아라는 뜻으로 '버츄 육아'를 모든 엄마, 아빠에게 알려드려야 한다는 소명이 생겼다. 말 안 듣는 아이, 부족한 아이를 어떻게 키워야 할까 골머리 앓는 육아는 모두 불행해진다. 이미 온전한 아이와 부모님의 미덕을 깨우며, 서로의 성장을 감사하는 시간으로서 대한민국의 육아가 바뀌어야 한다. 가슴이 알려준 길을 나는 또 걸어갈 것이다.

엄마
마음성장
인터뷰

질문지

*여러분도 내가 엄마로 살아온 시간을 돌아보며, 적어보세요.

1. **간단히 자기소개, 부탁드려요.**

2. **엄마로 살면서 힘들었던 점은 무엇인가요?**

3. **힘들 때, 변화계기와 도움이 된 활동은 무엇인가요?**

4. **앞으로 꿈꾸는 삶은 무엇인가요?**

쉼표 그리는 시간

내면의 나를 알아차리고 만나는 시간입니다. 읽으면서 떠오른 자신의 모습을 글이나 그림으로 돌아보는 시간을 가져보세요. 작성한 다음에는 따듯하게 바라보면서 자신과 이야기 나누는 시간이 필요합니다.

'나에게 차려주는 식탁' 작업을 통해 내 안의 욕구를 알아차리고 적절하게 표현할 때, 내면의 미해결과제가 해소됩니다. 나를 이 세상 누구보다 소중하게 대해줍니다.

나에게 차려주는 식탁

편한 자세로 앉아 봅니다. 팔과 손, 다리와 발을 가볍게 털고, 어깨와 머리도 돌려봅니다. 움직이고 난 후, 숨을 고르며 몸의 변화를 알아차려 봅니다. 가벼운 통증이 있거나, 시원함, 뻐근함 등을 느낄 수도 있습니다. 내 몸에서 일어나는 작은 변화까지 집중해서 알아차려 보세요. 이런 알아차림의 순간에 나는 지금 여기에 온전히 존재합니다.

이번 시간에는 나를 위한 식탁을 차려보겠습니다. 엄마가 되면서 나를 위한 식탁을 차려본 적이 있나요? 남편과 자녀들에게 맛있는 음식을 먹이기 위해 분주히 움직였던 나를 위한 음식을 골라봅니다. 이 식탁에 어떤 음식을 올려놓고 싶으세요? 너무 깊이 생각하지 말고, 바로 떠오르는 생각을 알아차리면 됩니다. 생각만 해도 침이 살짝 고일 수도 있습니다. 다음에는 어떻게 장식해볼까요? 우아한 스타일, 투박한 스타일, 피크닉 스타일 등 내가 즐기고 싶은 것들을 골라봅니다. 나만의 스타일로 차린 멋진 식탁에서 식사를 즐기며, 엄마로 사느라 많이 챙겨주지 못했던 나를 응원해줍니다. 아내로, 며느리로, 딸로 사느라 수고한 나를 토닥여 줍니다. 이렇게 소리 내 말해주세요. "잘 해왔어. 고생했어. 누구보다 열심히 살아온 것 내가 제일 잘 알아. 언제나 나를 응원하고, 사랑하는 내가 함께할 거야!" 이제 잠시 눈을 감고, 1분 정도 이 장면을 만나봅니다.

눈을 뜨고, 지금의 기분, 떠오른 장면 등을 자유롭게 그림 또는 글로 표현해보세요.

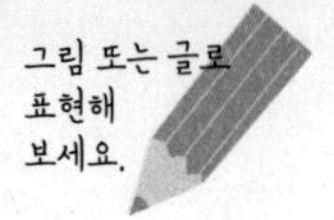
그림 또는 글로
표현해
보세요.

엄마쉼표,

지금

우리에게

필요한

시간

5

[변화를 원한다면 있는 그대로 받아들이기(변화의 역설적 이론)]

진정한 내가 아닌, 다른 사람이 되려고 노력하는 것은 '자기-지지(self-support)'가 아닙니다. 자기-지지는 자기를 아는 것(self-knowing)과 자기를 수용하는 것(self-accepting) 둘 다를 포함해야 합니다. 자기 자신, 즉 자신의 욕구, 능력, 환경, 의무 등을 잘 알아야 합니다. 또한, 그런 자신을 스스로 선택했음을 인정하고, 있는 그대로 수용할 때 오히려 성장과 변화가 일어납니다. 이것을 '변화의 역설적 이론'이라고 합니다.

육아서나 미디어에 나오는 소위 성공한 육아의 케이스만을 무작정 따라 하다가는 아이도, 엄마도 자신에게 맞지 않는 옷을 입게 됩니다. 아이를 잘 관찰하고, 엄마인 자신은 어떤 사람인지 돌아보며 서로에게 맞는 육아스타일을 찾을 때가 가장 성공하는 길이 됩니다. 그 성공의 척도는 '엄마와 아이가 함께 행복한 시간을 보내며 성장하는가'입니다. 인생의 마지막 순간에, 혹은 장성한 자녀를 바라보며 더 사랑해주지 못했음을 후회하는 이들이 알려주는 해답입니다.

10년이면 강산도 변한다. 나도 변했다. 10년이면 누구나 변하는 게 당연하지만, 나는 성장했다. 그 전의 나와는 다른 삶을 살고 있다. 엄마가 되는 사건이 없었다면 이만큼 치열하지 못했을 것 같다. 내 성격상 안전하게 살려고 했을 테고, 두려우면 피하고, 도망쳤을 것이다. 절대 도망갈 수 없는 단단한 벽처럼 느껴졌던 육아(育兒)가 육아(育我)했다. 육아는 아이와 부딪쳐 화가 나고, 미칠 것 같을 때마다 꽁꽁 숨어 두려워하고, 움츠려 있던 나와 만나는 일이었다. 복잡하고 끝이 보이지 않던 미로에서 드디어 나를 달래주고, 보듬어주고, 안심시키고, 나 괜찮다고 말해주는 출구를 찾았다. 휘몰아치는 폭풍우 속에서 잠시 멈추어 마음을 보았을 때, 내 손 안에 있던 진짜 지도를 발견했다.

자기치유 프로젝트 사용법

자신에게 맞는 방법을 찾아서

직업 특성상 사람의 마음, 대인관계에 관심이 높은 편이라 여러 가지에 호기심이 많았다. 자기치유 프로젝트에 나온 것들은 모두 할 필요는 없고, 한두 가지라도 나와 맞는 것을 꾸준히 하면 분명 도움이 된다고 말씀드리고 싶다. 내가 한 것들이 별로라면 자신에게 맞는 방법을 찾아서 꾸준히 하면 된다. 자기치유를 한다는 것은 시시각각 나타나는 변화들 속에서 중심을 잡는 것이다. 치유를 위한 글쓰기, 새벽시간 활용하는 미라클 모닝, 독서모임, 인문학 강의 듣기, 명상, 수영, 요가, 등산, 악기연주, 원예, 산책 등도 활용할 수 있다.

매일 조금씩 꾸준히

어떤 활동이든 일정기간 했다고 완벽하게 치유될 순 없다. 특히 개인상담이나 집단상담도 한 번의 경험으로 인생이 달라지는 것이 아니다. 피부관리를 받아 효과를 봤더라도 유지되도록 꾸준히 살펴줘야 하듯이 마음도 매일 보듬고, 영양제를 발라 주어야 한다. 매일 샤워하는 것처럼 마음도 관심을 두어 씻고, 닦아 주어야 한다. 스님, 목사, 신부 등 성직자가 경지에 올랐다고 해서 수행을 게을리하지 않듯이 어디로 튈지 모르는 이 마음을 늘 살펴주는 친구가 되어야 한다.

하고 싶은 활동을 선택했다면, 진짜 '나'를 찾겠다는 목표를 정하자. 남들에게 보이기 위한 게 아니라 그 시간만큼은 내 마음에 일어나는 욕구, 감정, 생각들을 알아차리고 나와 대화를 나누는 것이다. '나는 무엇을 하고 싶은가?' '이럴 때 내가 화가 나는구나' '남들보다 더 인정받고 싶구나' '내가 실수할 때, 자책하는구나'라며 떠오르는 대로 마음을 알아차려 본다. 이때는 평가, 비난, 비판이 필요 없다. 내 마음에서 올라오는 대로 바라보고, 목소리를 귀 기울여 듣고, '그렇구나, 그랬구나' 고개를 끄덕여 주면 된다.

시작은 누구나 어렵다. 그러나 한 걸음만 내딛어도 내 삶의 방향은 이미 내가 원하는 곳으로 향한다. 자기치유에 관심을 두고 시작하면 비슷한 생각을 하는 또 다른 사람들을 만난다. 쇳가루가 뒤섞인 모래더미에 자석을 갖다 대면 쇳가루만 다다닥 달라붙듯이, 나와 같은 방향의 사람들과 인연이 맺어진다. 첫째가 5살이 될 때까지도 동네에 아는 사람 한 명 없던 내가 숲모임을 시작하면서부터 동네 엄마들을 넘어 서울시의 엄마들을 만나고, 여행모임으로 전국에 있는 엄마들을 만나고 있다. 아이와 함께하는 여행, 치유를 위한 글쓰기 등의 모임에서 인연을 맺었다. 내가 바라는 세상에 조명이 밝혀진다.

효과가 나타나는 데 시간이 꽤 걸릴 수도 있다. 마음이 워낙 오래 방치되어 있었기 때문에 묵은 먼지를 털어내고, 원래의 온전한 형태를 찾기까지 시간이 걸린다. 그러더라도 하루하루 마음과 가까워지고 있음을 명심하자. 오늘이 더 좋아질 것이다. 또, 오늘보다 내일이 더 가벼워질 것이다.

아이가 아니라 '나'를 위한 자기치유

특히, 엄마 역할은 아이와 워낙 긴밀히 연결되어 있어 순간순간 쉼표를 찍으며, 꾸준히 자기치유를 해야 한다. 엄마와의 관계가 아이가 만나는 세상의 기본 틀이 되기 때문이다. 지칠 때면 마음의 영양분과 휴식을 채워준다. 대화와 소통의 힘이 필요하면 엄마친구나 사람들을 만나서 좋은 이야기를 나눈다. 힘이 나게 하거나 기분 좋아지는 활동을 찾아본다. 엄마가 마음이 가벼우면 희생보다 값진 정성으로 아이를 만날 수 있다.

아이를 위해 내가 행복해져야 한다는 단서와 조건이 붙으면, 화살의 끝은 또다시 아이에게 향한다. 온전히 엄마 자신을 위해 행복해지기로 하자. 자신을 사랑하고, 마음을 돌보는 엄마가 전해주는 사랑에너지와 눈빛은 누구라도 알아볼 수 있다. 아이는 엄마 마음속의 충만한 사랑을 먹으며 행복하게 살아간다.

아픔을 진정한 만남의 순간으로

인생은 누구도 한 치 앞을 알 수 없다. 자기치유에 공들인 만큼 이제 내 마음을 편안히 할 수 있겠다고 생각할 때, 마음테스트라도 하듯이 급작스런 상황이 팡팡 터질 수 있다. 다시 보고 싶지 않았던 예전의 상황이 반복되고, 가만히 있는 자신을 들쑤셔대는 옆 사람들도 있다. 아이에게 화내지 않고 며칠 잘 버텼는데 아이의 행동이 자꾸만 내 마음을 불편하게 하고, 폭발하게 한다. 열심히 다이어트 했다가 요요가 오는 순간처럼 마음도 기회를 엿보다가 오랫동안 길든 과거로 돌아가고자 한다. 그럴 때면 다 포기하고 싶고, 역시 난 안 되는데 헛수고만 했다며 심히 좌절한다.

그때는 그 마음을 또 바라보며, 자기 상태를 애써 부정하거나 바꾸려 하지 말고, 기다려 주면 된다. 마음이 내가 얼마나 컸는지 테스트한다고 생각해보자. 시간을 들여 마음을 챙기고 보듬어주지만, 다시 내 예전 모습까지도 온전히 받아낼 수 있는지 확인하는 때라고 말이다. 최종 목표는 위아래로 움직이는 감정이란 파도에 휘말리는 순간의 마음을 알아차리며, 중심을 잡고, 파도타기로 인생의 묘미를 깨닫는 것이다.

심호흡 한 번 크게 하고, 그 마음에 똑똑 노크를 하고, 잠시 기다려보자. 마음이 준비됐을 때, 마음속 이야기를 들려줄 것이다. 무엇 때문에 화가 났는지, 왜 그렇게 눈에 거슬렸는지, 어쩜 그리도 미웠는지 내 진짜 이야기를 들을 수 있다. 그리고 알게 된다. 내 앞의 남편, 아이 때문이 아니라 외면했던 내 마음이 이유였음을.

휘게, 나와 우리를 위한 따듯한 시간

휘게(Hygge)는 편안함, 따뜻함, 아늑함, 안락함을 뜻한다. 덴마크 사람들의 행복을 위한 필수시간이다. 가족, 친구 또는 혼자 보내는 소박하고 여유로운 시간, 일상 속의 소소한 즐거움이다. 휘게의 가장 큰 목적은 일상에 지친 우리를 위한 따듯한 시간을 보내는 것이다. 어떤 노력, 결과와 상관없이 우리의 존재 그대로 편안히 받아들이는 시간이다. 자기치유 시간마다 휘게처럼 따듯한 모닥불을 쬐자.

"반갑다, 마음아. 너의 모습 있는 그대로 만나서 즐거워, 좋은 친구가 되자."

괜찮다는 말을 처음 들은 날

"어떤 지향점을 가지고 있는 한, 인간은 끊임없이 방황한다."

독일의 괴테가 말했듯이 나도 끊임없이 방황하며, 길을 찾아왔다. 아이를 잘 키우기 위한 지향점에서 시작했지만 결국에는 나를, 더 나아가 내 옆에 있는 엄마들을 위한 길이었다. 엄마들이 건강하고 행복하니 아이도 행복하다는, 누구나 아는 이 명제를 실천하기 위해서였다.

몇 해 전 겨울이었다. 아이들과 친정에 내려갔다. 오랜만에 만난 가족과 이야기하고, 아이들을 차 안에서 재우려고 씻겼더니 자정이 다 되어 출발했다. 그때부터 슬슬 괴로운 마음이 올라왔다. 한겨울, 눈발이 심상치 않게 날리는 고속도로 밤길 운전은 위험한데 늦게 출발한 게 신경이 쓰였고, 친정식구들에게도 폐만 끼쳤다고 말이다. 남편에게 걱정된다는 전화를 받고서는 정신을 놓았다. 일찍 나왔어야 했는데 조금 더 서두르지 뭐했냐고 나를 옥죄는 소리가 머릿속에 울려 퍼졌다. 그 소리는 나만 잡는 게 아니다. 참고 참다가 당치도 않은 상황에 아이들에게 쏟아내니 문제가 심각해졌다.

새벽의 짧은 여행에서 만난 목소리

이 괴로움과 비난의 목소리에 무릎 꿇지는 않았다. 피하지 않고, 감정을 알아차리고, 목소리를 들었다. 배고프다는 아이들 주려고 맥드라이브에 차를 돌려 주문하고 기다릴 때였다.

'괜찮아. 이미 늦었어. 돌릴 수 없는 일이야. 눈 오는 밤, 아이들과 잊을 수 없는 추억 쌓기 하면 돼. 날 그냥 둬.'

이 목소리가 나왔다. 늘 나를 비난하고, 한심하다는 듯 바라보던 나 말고, 괜찮다고 위로해주고 격려해주는 나를 만났다. 긴장해서 힘이 잔뜩 들어갔던 어깨부터 몸 전체가 순간 아래로 풀렸다. 멍해졌다. 나에게 이 말을 해 준 적이 한 번도 없었다. 실수하면 긴장하고, 눈치 보고, 두려움에 떨며 자학하던 나였다. 옆에서 괜찮다고 해도 믿지 않았다. 이미 저질러진 일인데 두고두고 후회하며, 자책했다. 그랬던 내가 나에게 이 말을 해주다니. 안정을 찾은 나는 아이들에게 음식을 건네주면서 엄마가 잠시 미쳤었다고 설명하며 사과했다. 검정 도화지에 하얀 물감이 찍히듯 깜깜한 하늘에 함박눈이 멋지게 날린다고, 이런 시간을 기억하자고 했다. 엄마가 다시 기분이 좋아지자 아이들도 안심하며 신나서 창문을 내려 눈도 보고, 간식도 잘 먹었다.

집까지 오는 동안 눈이 펑펑 날리다가 비가 쏟아지다가 다시 눈발이 날리더니 동네 가까이 들어서면서 언제 그랬냐는 듯 멈췄다. 내 마음도 날씨처럼 편안했다. 몸은 좀 피곤해도 나를 잡지 않고, 아이들과 변화무

쌍한 날씨에 감탄하며 그 새벽의 짧은 여행을 마무리했다.

나를 비난하는 목소리가 완전히 사라지지는 않았다. 하지만 세력이 약해졌다. 비난하는 마음이 올라와도 잠시 후 보듬어주는 마음이 나를 사르르 녹여준다. 이제는 평상시에도 나를 응원하는 목소리, 사랑하는 목소리가 시도 때도 없이 귀를 간지럽힌다. 아이들에게 화를 안 낸다는 말은 아니다. 인간인지라 몸이 피곤하고, 지치거나 방학처럼 한 달 내내 붙어있을 때는 마음이 성치 못하다. 하지만 정신을 잃고 폭발하기보다는 상황을 조절하거나 화가 난 마음을 얼른 알아차리고 엄마의 상태를 알린다. 훈육이 아닌 폭발이었을 때는 잠시 시간을 갖고 마음을 돌본 후, 아이에게 사과한다.

내 생애 처음 맛본 달콤한 자신감

한동안 상담 분야의 학회나 세미나 등에 참석하지 않았다. 그런 데 가면 오랜만에 만난 선후배들끼리 가장 먼저 묻는 말이 '어디서 일하냐'이다. 어떤 자격증을 따고, 어디서 일하는가에 따라 그 사람의 성공을 판단한다. 내 동기는 대부분 상담 분야의 전문가 자격증을 땄고, 수련생을 지도, 감독하는 슈퍼바이저 위치에 있다. 아이 키우느라 정신없이 지내다가 그런 자리에 멋지게 꾸미고 갈 겨를도 없이 나간 내가 초라하게 느껴졌다. 으레 나오는 질문을 받고, 별 볼 일 없네 하는 식의 눈빛을 받으며 자격지심이 생겼다.

그런데 엄마친구들에게 위로를 받고, 열심히 마음을 돌보자 내 자존감은 회복되었다. 내가 나를 위로하고, 지지하며 생긴 변화다. 학회에 참석해서 사람들과 당당하게 인사하고, 자신에게 자부심을 느끼게 되었다. 아이들을 어느 정도 키우고 안정적인 일자리를 찾은 결과로만 볼 수는 없다. 자격증, 직위와 상관없이 괜찮았다. 내 모습을 꾸미지 않아도, 방패를 두르지 않아도 괜찮았다. 사람들이 나를 별로 반가워하지 않더라도 만남의 시간이 감사했다. 함께 공부할 때의 열정을 기억하는 사람들이 성장해가는 모습이 보기 좋았다. 나는 조금 돌아왔지만, 부지런히 성장하고 있기에 부러움에 휩싸이지 않고, 응원하는 마음이었다. 내 평생 처음 맛본 달콤한 자신감이었다.

멘토인 교수님께도 큰 위로를 받았다. 학회 후에 이어진 식사자리에 교수님과 동석했다. 예전에는 아이를 그렇게 키우면 안 된다고 하셨는데, 이번에는 근황을 말씀드리고 지지를 받았다.

"고생 많았다. 현순이가 아이 키우면서 열심히 했구나."

이젠 칭찬받기만 바라지 않고 마음의 선물로 감사하게 받을 수 있다. 내 마음이 크게 흔들리지 않는다. 이미 나 스스로 특별한 고유의 존재로 바라보기 때문이다. 주변에서 어떤 반응을 해도 다시 평정심을 찾을 수 있다. 육아를 통해 받은 최고의 선물이다.

옆집 엄마 말에 흔들리지 않는다

첫째 딸은 특별한 사교육을 받지 않고 학교에 입학했다. 1학년 1학기에는 아이가 멘붕이 온 듯 지냈다. 반 친구들이 한글 다 떼고, 받아쓰기를 100점, 90점 받을 때 아이는 30점, 40점을 받아왔으니 아무리 강철 멘탈이라도 당황했을 것이다. 그래도 곧 적응해서 여느 아이들과 다를 것 없이 잘 지내게 되었다. 2학기가 되고 어느 날, 아이가 물었다.

"엄마, 다른 애들은 한 개라도 틀리면 맞는대요. 나는 안 맞는다고 하니까 애들이 나를 부러워해요. 왜 맞아야 돼요?"

집마다 교육관이 다르다고 대답했지만, 뚜렷하게 설명해 줄 길이 없었다. 우리 부부는 시험점수로 아이를 평가하지 않았다. 아이도 그것이 당연하다고 생각했다. 노력해서 점수가 오르면 그 과정을 칭찬했다. 물론 점수를 잘 받아오면 기쁨에 목소리톤이 더 올라가기도 하지만 결과보다 과정에 더 중심을 두자고 다짐하고 이를 지켜왔다.

흔들릴 땐 잠시 멈출 것

처음부터 쉽진 않았다. 엄마들을 만나면 으레 나오는 교육 정보에 마음이 흔들렸다. 피아노, 미술, 줄넘기, 영어 교육은 꼭 필요하고, 아이들이 너무 좋아한다는 말을 들으면 '우리 애도 시켜야 하는데, 나중에 후회하면 어쩌지, 일단 시켜보지 뭐'라며 정보를 알아보러 다녔다. 2, 3일 고민하다가 안 하면 우리 애들만 뒤처질 것 같아 속상했다.

책 읽히는 데 목숨을 걸듯이 비장하게 세월을 보낸 뒤에야 나를 돌아보면서 내려놓았다. 지금은 옆에서 '뭘 해야 좋다더라, 지금 이런 거 안 받으면 안 된다더라'는 이야기가 들려도 마음의 중심을 놓지 않는다. 정보를 주는 그들의 마음은 알지만 한 귀로 듣고 한 귀로 흘려보낼 수 있다. 우리 아이들에게 좋을지 판단하는 것이 먼저이기 때문이다. 혹시 마음이 불안해지면 잠시 나와 대화하는 시간을 갖는다.

'나도 남들 앞에서 자식자랑하며 의기양양하게 말하고 싶은 욕심도 생겨. 아이가 친구들보다 못해서 속상해하고, 무시당할까 봐 걱정되기도 해. 나중에 엄마한테 왜 자기는 안 시켜줬냐며 원망하면 어떡해.'

'그래, 그런 마음이 들지. 아이랑 이야기해보고, 상의해서 결정하자. 내 생각에 정말 필요하다면 설득해보고, 그래도 아이가 싫다면 어쩔 수 없어. 아이가 필요할 때, 하고 싶을 때 스스로 찾을 거야. 아이의 힘을 믿어보자. 아이도 자신이 원한다면 언제든지 할 수 있고, 해낼 수 있다는 자신감이 가장 중요하잖아.'

이렇게 무엇이 중요한지 확실히 인지한 후에 아이와도 상의한다. 아이마다 성향, 기질, 욕구가 다르기 때문에 먼저 어떤 교육이 있는지 알려주고, 의향을 물어본다. 아이가 먼저 하고 싶은 활동이 생겼을 때도 무조건 시키는 게 아니라 교육비나 시간 등의 여건과 상황을 고려하여 함께 결정한다. 이런 과정이 있어야 아이도 제 결정에 책임감을 느끼고, 배우는 시간을 즐겁게 보낸다.

사교육의 정의는 '공교육과 구별되는 사적 영역에서, 개인이 의사결정의 주체가 되어 이루어지는 형식의 교육'이다. 사교육이 무조건 나쁜 것이 아니다. 필요한 부분도 반드시 있다. 다만 좋고 나쁨은 아이가 원하고 즐거운 교육이냐, 아니냐로 결정된다고 생각한다. 세상과 자본주의 사회가 미쳐 돌아가니 엄마들도 어쩔 수 없다지만, 그 악순환의 고리에 아이들을 희생양으로 삼아서는 안 된다. 잠시 멈춰 자기 안의 불안, 걱정, 욕심을 알아차리고 나서 가장 소중한 나와 아이를 위한 결정을 내려도 늦지 않다.

엄마의 삶을 선물하자

5학년이 된 첫째는 신체활동과 춤을 좋아해서 1학년 때부터 발레만 꾸준히 하고 있다. 취미활동이지만 가장 좋아하는 시간이라 발표회나 시험 연습을 해야 할 때 힘들어도 절대 빠지지 않는다. 몇 달 동안 조르고 조르던 스케이트를 올해 배우면서 초급단계까지만 하기로 스스로 결정했다. 그 후 아이돌을 꿈으로 정하더니 보컬연습을 한다며 합창부에 지원해서 아침마다 8시에 등교한다. 원래 일찍 자기를 싫어하고, 학교에도 겨우 시간 맞춰 나가던 아이가 아침에 졸린 눈을 비비며 준비해서 나가는 모습을 보며 많이 놀랐다. 칭찬은 고래도 춤추게 한다지만 자기가 원하고 재밌는 일은 스스로 삶을 운전해가는 원동력임을 새삼 느꼈다.

어려서부터 책은 쭉 읽어서 국어를 좋아하고 사회, 과학을 이해하고 받아들이는 데 재미를 붙였다. 혼자 책을 읽으며 깨쳐가는 지식에 살짝 놀랄 때도 있다. 스스로 진화하는 모습에 곧 나를 뛰어넘겠구나 하는 기분 좋은 염려도 생긴다. 늘 마음이 편한 건 아니지만 아이가 자신의 필요를 찾아가리라 믿고, 매일 다짐한다. 그러면 걱정과 불안보다 아이가 성장하는 모습에 감탄하는 날이 더 많아진다. 아이의 옆에서, 한걸음 뒤에서 바라보며 지지해주고, 응원할 것이다.

또한 내가 열정적으로 공부하며, 배우려고 열심히 사는 엄마의 삶을 선물로 주고 싶다. 아이가 어릴 때 했던 내 최악의 실수를 떠올리고 닦달하며 방향을 정해 놓지 않는다. 다들 한다니까, 사회가 이러니까 하는 핑계에 발 담그지 않을 것이다. 삶의 진짜 중요한 가치를 알아가는 엄마의 모습을 모델링하리라.

남들 시선보다 우리 욕구와 감정이 먼저다

엄마로 살면서 뭐가 맞는지 헷갈릴 때가 많다. 아이가 안아달라는 대로 안아줘도 되나, 하고 싶은 대로 하라고 해도 되나, 인사는 어려서부터 안 하면 버릇없어지지 않을까 등 하나부터 열까지 다 모르는 것투성이다. 나도 고민이 많았는데 내향적이지만 주관이 뚜렷한 성향에 맞게 남들 눈보다는 아이가 원하는 것에 더 초점을 맞췄다. 둘째가 7살 때 유치원에 데려다주는데 아이가 안아주길 원해서 안고가다 한마디씩 들었다.

"여기는 엄마가 아직 힘이 남아도나 봐, 왜 안고 다녀요?"

"멀리서 보고 5살인 줄 알았네. 형님반이 왜 안겨서 다니니?"

오랜만에 듣는 말이었다. 원래 5, 6살까지는 거의 매일 안아서 유치원에 들어갔다. 주변에서 한마디씩 해도 그러려니 했지만 걱정이 안 되는 건 아니었다. 사람들 말대로 아이가 의지도 없이 약해질까, 맨날 의존하려는 사람이 될까 봐. 신기하게도 7살 되면서는 안아달라는 말을 안

했다. 내 손을 잡고 가거나 친구를 만나면 신나서 뛰어가고, 나와도 매일 달리기 시합 중이다. 6살까지는 들어가서 짐 정리할 때도 뭉그적대더니, 7세 반으로 올라와서는 스스로 다 해낸다. 공주님 흉내 내며 한 귀걸이가 아파서 잠깐 안긴 적이 있을 뿐이다. 내 몸이 힘들지 않으면 아이가 도움을 청했을 때 기쁜 마음으로 안아준다. 엄마가 힘들어서 안 된다고 하면 아이도 스스로 걸어간다. 첫째도 아이가 원하는 때까지 안아주었다. 기껏해야 8살까지였다. 그 이후에는 안아달라는 소리를 별로 안 했다. 아주 가끔 업어달라고 하면 지금도 기쁜 마음으로 업어준다. '우리 딸, 다 컸네. 앞으로 업어줄 날이 또 얼마나 있으려나' 하고 생각한다.

부부의 양육관 조율하기

남편도 나처럼 가능한 한 아이들이 원하면 안아주었다. 인사하는 걸 놓고는 조금 달랐다. 나는 아이들이 어렸을 때 꼭 하지 않더라도 부모가 하는 모습을 보면 자연스럽게 따라 할 거라고 보는데, 남편은 어려서부터 예절은 알아야 한다고 했다. 서로 의견을 절충하여 강요하지 않는 선에서 인사를 안 할 때는 살짝 알려주고, 안 하더라도 크게 나무라지 않는 쪽으로 정했다. 한번은 유치원 앞에서 어떤 엄마가 5살 남자아이에게 왜 인사를 하지 않느냐며, 엄마가 그렇게 가르쳤냐며 윽박지르는 모습을 보고 놀랐다. 나도 걱정은 되었다. '세 살 버릇 여든까지 간다는데 이러다가 나중에 인사도 잘 안 하고, 버릇없는 사람이 되면 어쩌지.' 첫째가 3학년일 때, 모임을 같이 하는 엄마 말이 아이가 반갑게 인사해주고, 항상 잘 챙겨서 보기 좋다고 했다. 택시를 타고 내릴 때 기사님께 인사하는 아이의 모습을 봐서 알지만, 다른 사람들의 얘기로 들으니 감사했다. 강요하지 않아도 아이가 마음에서 우러나오는 인사로 사람들을 만나고 있다는 생각이 들었다. 아직도 가끔 어른들이 집에 놀러 왔을 때 인사하는 타이밍을 놓치거나 쑥스러워한다. 그러면 혼내지 않고 인사하자고 알려주며, 내가 더 크게 인사드린다.

생각해보면, 아이들을 키우며 종종 힘든 고비가 있었다. 아이들이 보이는 비상식적 행동은 한둘이 아니었다. 두 딸 모두 머리 감기 무섭다고 하도 울어대서 미장원 미니 의자 같은 것도 구비했지만, 목욕할 때마다 울고불고 전쟁이었다. 7살쯤 되니 샤워기로 물을 쓱쓱 뿌리고 귀에 물이 들어가도 이쯤이야 한다. 4살 때는 밤이고 낮이고 한 치마만 입겠다고 하도 고집하더니 어느 날 벗어던지고 찾지도 않는다. 초등학교 2학년 겨울에 키즈카페나 방방이방에서 불편하니까 내복만 입고 놀겠다고 난리를 쳐서 그러도록 놔뒀더니 이젠 내복이 보이지 않게 옷을 신경 쓴다. 유치원 내내 공주옷만 찾더니 학교 가서는 치마도 안 입는단다. 둘째는 3살부터 갖고 다니는 베개를 애착하여 어딜 가든 베개를 들고 다녔다. 이젠 다 낡아빠진 베갯잇만 들고 다닌다. 그 모습을 본 어른들은 초등학교까지 들고 다니면 어쩌냐고 눈살을 찌푸리신다. 이젠 그 정도로는 걱정도 하지 않는다. 아이가 유치원이나 맞지 않는 장소에는 갖고 들어가지 않고, 스스로 마음을 조절한다. 아이가 누구보다 자기 삶에 충실하게 살아가고 있음을 안다.

'감정'과 '욕구' 알아차림이 키포인트

아이의 눈빛을 바라보는 일은 아이의 욕구와 감정을 알아차리는 첫 단계다. 아이가 한 말에 무조건 '~구나'만 붙이는 것이 아니라 아이를 관찰하며 원하는 욕구와 지금의 감정을 알아준다. 아이가 그 상황에서 느끼는 감정을 공감하는 것이 핵심이다. 아이의 욕구와 감정을 읽어주되 무조건 들어줄 필요는 없고, 그럴 수도 없다. 엄마와 아이, 상황에 맞게 조절해가는 과정이 중요하다. 무참히 거절당하고, 무조건 억압하면 그것이 아이의 생기를 죽인다. 사춘기에 들어서면서 아예 입을 닫고 무기력해지는 아이들, 반대로 반항적이고 행동조절이 안 되어 여러 문제를 일으키는 아이들은 자기 욕구와 감정이 소중히 다뤄지지 않은 경험이 폭발한 것이다.

버츄 프로젝트에서 배운 울타리 전략이 내게 유용했다. 간단히 설명하자면 가족들과 일요일이나 특별한 일이 있을 때마다 울타리를 치는 것이다. 서로에게 어떤 일정이 있는지, 무엇을 바라고 어떤 도움이 필요한지 미리 이야기하고 공지하는 일이다. 예를 들어 내가 토요일에 약속이 있으면 남편에게 아이들을 봐달라 부탁하고, 아이들에게 아빠와 함께 잘 지내주길 바란다고 미리 말해 둔다. 선언이 아니라 상의하고, 협조를 구하는 것이다. 가족 구성원 개인의 울타리를 치며, 가족의 큰 울타리를 건강하게 만들어간다. 엄마, 아빠도 자기 욕구를 건강하게 표현하고, 상호작용하는 과정이 내게 힘이 되었다. 요즘 아주 열심히 실천하고 있어서 더 자연스럽게 서로의 욕구를 들어준다. 둘째가 얼마 전에 이 말을 하는데, 소름이 돋았다.

"엄마가 원하는 건 뭐야?"

아이와 엄마, 아빠의 삶에서 서로 균형을 맞춰야 한다. 잠시, 내 마음 속의 이야기에 귀를 기울이고, 나를 존중해줄 때 알아차림이 일어난다. 욕구를 알아차리고, 표현하고, 조절하면 된다. 감정을 알아차리고, 표현하고, 공감해주면 된다.

인생의 큰 그림 그리기

아이들을 출산하고 나서 육아서를 참 많이 읽었다. 아이의 행동을 이해해야 했고, 좋은 엄마가 되려면 어떻게 해야 할지 답을 찾기 위해서. 시간이 지나고 보니, 너무 우물 안에만 있었다는 생각이 들었다. 인생의 큰 그림을 그릴 줄 알았다면, 사소한 것들에 목숨 걸지 않았을 것이다. 육아서에 질릴 때쯤 다른 곳으로 눈을 돌려 만난 책들에서 아이들에게 진짜 알려주어야 할 말을 찾았다.

인생의 밝은 햇살을 만끽하자

신유경 작가의《땡큐레터》와 지아 장 작가의《거절당하기 연습》을 이틀 차이로 읽었다. 제목만으로 어떤 내용일지 짐작이 가는데 상반된 분위기인 듯했다. '땡큐레터'는 365통의 감사편지를 사람들에게 전하면서 달라진 인생에 대해 이야기한다. '거절당하기 연습'은 사람들에게 100번 거절당할 목적으로 실험을 하며 달라진 인생을 말한다. 흥미로웠다. 따로 읽었다면 몰랐을 텐데 두 책을 연달아 읽으면서 극과 극의 상황에도 통하는 진심이 있다는 사실을 알았다.

신유경 작가는 육아와 경제적인 이유로 힘든 시기를 보내다가 절망스러운 상황에서 벗어나고자 하는 간절함으로 감사편지를 시작했다고 한다. 그저 감사편지를 전할 대상이 있고, 그들이 편지를 받아준다는 것만으로 충분했지만 결과는 상상 이상이었다. 많은 분이 기뻐해주시는 것에서 오히려 감동하고, 1년 만에 책까지 내는 놀라운 일상이 펼쳐졌다.

> 앞서 말했듯 감사편지는 감사를 행동으로 옮기는 가장 적극적이고 완벽한 방법이다. 동시에 내 안의 잠든 거인을 깨우는 가장 단순하면서도 확실한 방법이라고 확신한다. 단순히 감사하는 마음, 감사하는 생각에서 끝나는 것이 아니라 글로 적고 그것을 전하는 행동으로 이어지면 그것은 더 큰 행동을 하게 만들고, 실제로 더 좋은 결과를 끊임없이 만들어내기 때문이다.
>
> (《땡큐레터》, 신유경, 라온북(2016), p.137)

나도 당장 실천했다. 아이에게 매일 쓰던 사랑 쪽지에도 감사를 더하고, 감사편지를 전해줄 주변 사람들을 찾았다. 마침 한 초등학생 상담이 종결하는 날이었다. 보통은 종결할 때, 아이들에게만 편지를 써주었는데 이번에는 어머니께도 편지를 드렸다. 상담센터까지 오가기 힘든데도 아이를 도와주고자 늘 애쓰시는 모습에 감사했다고. 어머니께서 아이의 놀라운 생동력을 보고, 함께 힘내서 가시기를 마음속으로 간절히 바랐다. 예상치 못한 편지를 받은 어머니는 놀랐지만, 감사하다고 인사하셨다.

아이들에게도 감사의 기적을 전달할 수 있다. 어른도 짧은 시간 동안 감사의 기적을 경험할 수 있으니, 어려서부터 이 힘을 알면 세상이 얼마나 따듯할까 싶다.

두려움은 제대로 알면 사라진다

감사편지가 사람들과 나눈 따듯함의 기적이라면, 거절당하기 프로젝트는 무시무시한 괴물처럼 두려워하던 거절의 냉정함을 해소하는 작업이었다. 실제 거절당하기를 도전하며 모든 사람이 다 거절하는 것도 아니고, 사람들이 나를 거부하는 게 거절할 상황이나 이유가 따로 있음을 깨달았다. 거절을 두려워하지 않고, 나와 다른 사람들과의 관계에서 충분히 일어날 수 있는 일로 여기면 쉽게 도전할 수 있다.

거절할 때의 좋은 방법도 알려준다. 인내와 존중을 담아 친절하게 거절하고, 단도직입적으로, 단순명쾌하게 말하라고. 거절하면서도 관계를 망치지 않고, 부드럽게 넘어갈 묘안이었다. 아이들에게 안 되는 상황을 설명할 때가 참 많다. 이유를 말하면 길어지고, 아이가 짜증 내거나 떼쓰면 또 마음이 흔들린다. 한 번, 두 번 들어주다 보면 끊기 어려워지고 급기야 아이에게 화가 폭발한다.

이 책 덕분에 거절로 예상되는 두려움이 줄어들었다. 세상에 나를 도와줄 사람들이 훨씬 많고, 내 조절로 바꿀 수 있다는 것은 자신감과 직결된다. 감사와 거절이라는 접촉의 매개를 통해 내 노력으로 삶이 더 좋게 변화할 수 있다. 아이가 창문을 통해 바라보는 세상이 경쟁과 두려움이 아니라 화합과 희망이 되길 바란다.

함께 행복해야 우리 아이도 행복하다

얼마 전 지인에게 들은 이야기가 충격적이었다. 특목고를 졸업하고, 꿈을 향해 성실하게 노력하고, 준비하는 대학생 청년이 있었다. 그런데 어떤 문제로 법적 처벌을 받을 수도 있는 상황에 부닥치면서 꿈에 제동이 걸렸다. 결과가 채 나오기 전, 고민하던 청년은 스스로 생을 포기하는 선택을 했다. 젊고 창창한 청년의 앞날에 놓인 장애물을 끝이라고 생각했을까?

안타까워만 할 일이 아니다. 경쟁이 과해지고, 성공 위주의 평가 때문에 자신을 포장한다. 성공이 자기 무기인 듯 스펙을 쌓으며 쉴 틈 없이 달려가지만, 실패라는 지극히 당연한 디딤돌 앞에서 한없이 초라해지고, 극단의 선택까지도 생각한다. 나도 그랬다. 일의 성패를 나 자신으로 여겼다. 결혼 전에는 학력, 전문가 자격증 취득에 좌지우지되고, 엄마로 살면서는 아이들을 내 성공의 잣대로 바라보았다.

자신을 온전히 바라보고, 주변을 찬찬히 둘러보자. 실체도 없이 엄마를 두려움에 떨게 만드는 성공신화는 내려놓고, 진짜 세상을 찾아보자. 오직 1%가 되어야 한다고 아이들을 밀어붙일 게 아니라 누구나 자기 모습으로 있는 그대로 존중받고, 자신이 갖고 태어난 씨앗을 활짝 피워내 다채롭고 아름다워질 곳을 꿈꾸자. 폭풍우와 비바람이 쳐도 옆에 있는 식물들과 땅속에 더 뿌리를 깊이 내리며, 잠시 후면 따사로운 햇살이 다시 내리쬠을 믿어보자. 엄마가 믿는 대로 아이도 큰 그림을 그려간다.

우리도 그렇게 할머니가 된다

우리는 벌써 100세 시대에 접어들었다. 의학과 과학기술의 발달로 100세까지 사는 일도 어렵지 않게 되었다. 유병장수의 시대가 싫다는 이야기도 나온다. 수명은 길어질지 모르지만, 그 긴긴 시간 동안 인생의 질은 우리의 몫이다.

노년의 내 모습은?

3년 전에 한 학기 동안 유아기부터 노년기까지 한 생애를 돌아보며 인간에 대한 이해를 넓히는 강의를 들었다. 노년기를 공부하던 마지막 시간에 70대가 된 내 모습을 상상해보았다. 전에는 한 번도 생각해 본 적이 없었다. 아줌마라는 호칭만 들어도 온몸에서 거부의 몸짓을 보냈는데, 할머니란 호칭에 익숙해져야 할 때가 내게도 온다. 건강이 관건이었다. 운전해서 가고 싶은 곳에 편히 갈 수 있을까? 그때까지 일할 수 있나? 내가 이동할 때 다른 사람의 도움 없이 다닐 수 있을까? 의식주는 어떻게 해결하고, 돈은 어떻게 충당하지? 그때 나는 누구와 살고 있을까? 남편과 함께 지내고 있을까, 요양병원이나 요양원에 있을까? 애들은 잘 자라서 자기 삶을 살고 있을까? 자식들과 나는 어떤 관계를 맺고 있을까, 나를 귀찮아하지 않을까? 내가 죽음을 두려워하지는 않으려나?

하나하나 질문을 떠올리며 내 모습을 조금 그려봤다. 내게 걱정하는 상황이 닥칠 수도 있다. 내 의지대로 움직이지 못해서 누군가의 도움을 받아야만 할 수도 있다. 혼자 목욕이나 용변도 해결할 수 없을지 모른다. 그때도 내 존엄성은 유지될까.

작년에 시아버님이 요양병원에 계실 때 아픈 어르신들을 뵈었다. 아프기 전에 한 성격 하시고, 하고 싶은 대로 사셨을 텐데 현재는 병원에 누워서 아무것도 못 하셨다. 간호사와 간병인이 도와줘야 식사도 하시고, 화장실도 갈 수 있었다. 아기처럼 턱받이를 하고 떠먹여 줘야 드시는 어르신도 있다. 목욕도 타인의 도움을 받아야 가능했다. 많은 어르신이 이런 생활에 익숙해 보였다.

6인실에 방문하는 다른 자녀들을 보며 대충 가족들 관계가 짐작되었다. 부모님을 위해 반찬을 싸 오고, 자주 들리며, 조금이라도 더 편하게 해드리려고 노력하는 자식들도 있고 부모님에게 함부로 대하는 이들도 있었다. 긴 병에 효자 없어서 그럴지도 모르겠다. 어떤 분은 아버지에게 도대체 언제 죽을 거냐고, 왜 이렇게 자식들을 힘들게 하냐고 농담 반, 진담 반으로 이야기하셨다. 아버지에 대한 애정과 걱정은 하나도 없어 보였다. 타박이나 구박하는 자식들이라도 있으면 다행이었다. 아무도 찾아오지 않고 늘 외로이 누워있는 어르신도 계셨으니까. 한 번은 화장실에서 어머니 머리를 다듬어주는 따님을 보았다. 어머니께서 자꾸 머리를 흔드시자, 따님이 화를 내다가 "엄마, 자꾸 그러면 귀 자른다"라고 말씀하셨다. 달래려는 말이 아니라 화를 내며 무섭게 협박하는 말투였다. 소름이 쫙 끼치면서도 왜 그리 찔리던지.

내가 아이들에게 쓰는 말과 다를 게 없었다. 시간이 없어 빨리 끝내고 싶은데 아이들이 미적대면 협박하듯이 아이들을 닦달하고, 실수하면 무안하게 큰소리로 야단 쳤던 기억. 아이들이 어릴 때는 앞날을 볼 여유가 없었다. 내가 힘들다는 사실만 내세우며 아이들에게 화살을 쏘았다. 나중에 아이들에게서 그 말을 똑같이 듣는다고 생각하니 끔찍했다. 내가 할 때는 몰랐는데 듣는 입장에서 참 잔인한 말이었다.

그 후, 시아버님이 갑자기 많이 아파지셨고, 영영 이별하게 되었다. 평소에 워낙 건강하셔서 그렇게 갑자기 떠나실 줄 몰랐다. 좀 더 잘해 드릴 걸, 옆에서 더 많이 이야기 들어드릴 걸, 요리 실력이 없어서 직접 만들진 못해도 좋아하시던 매운탕이라도 자주 사드릴 걸 하며 후회만 했다. 아이들 챙겨야 한다는 이유로 자주 못 뵈었고, 해드린 게 별로 없어 너무 죄송했다. 그런 며느리라도 볼 때마다 환히 웃어주시던 모습이 지금도 눈에 선하다. 지극정성으로 병간호하고, 돌아가신 아버님을 그리워하고 마음 아파하는 남편을 보며, 부모와 자식 관계를 더 넓게 보게 되었다.

아이의 드넓은 세상에서 등대가 되고 싶다

지금 내가 아이들에게 베푼 사랑과 정성이 다시 나에게 돌아온다. 훗날 내가 늙어서 약해지고, 아이들이 지금의 내 나이쯤 되면 상황이 역전되어 자식들이 나를 보살펴주게 된다. 건강을 잘 지키고, 경제적으로 문제없이 준비해 놓는다고 해도, 그것이 세상의 이치다. 순리대로라면 내가 이 세상을 떠나는 날, 가장 뜨거운 눈물로 작별인사를 해줄 사람이 우리 아이들이다.

그런 날이 오려면 아직 멀었지만 아이와의 관계를 위해 할 일이 많다. 10년은 아이를 어떻게 먹이고, 건강하게 키우고, 잘 자라게 할까 고민했다면 지금부터는 스스로 길을 찾도록 도와야 한다. 넘지도, 부족하지도 않은 딱 적정선의 도움. 5학년인 첫째는 사춘기를 겪고 있다. 선배 엄마들의 말에 따르면 5학년 때는 그나마 귀여운 수준이라는데 감정을 주체 못 하고 쏟아내는 아이의 모습에 당황하고, 같이 불붙어 싸우기도 한다. 그래도 사춘기가 걱정만 할 시기는 아니다. 아이는 앞으로 제가 맞이하는 삶에서 진짜 자신이 누구인지 치열하게 고민하며, 감정의 쓰나미에 시달리고, 미래를 만들어가느라 방황할 것이다. 나 역시 10대를 처절하게 아파하며 부모님 속을 썩였다. 이제 내가 그 차례가 된 것이다. 겁먹기보다는 내 마음을 든든히 지키며, 드넓은 세상 속 아이의 등대가 되고 싶다. 아이가 짜증 나고, 화나고, 두렵고, 아무도 자기 마음을 모른다고 여길 때 어둠 속의 빛 한 줄기가 되고 싶다. 아이도 혼란스러운 자신의 마음을 들여다보고, 진짜 자신이 누구인지 찾도록 든든한 어깨를 내어주고 싶다.

나도 처음 해보는 엄마라 서툴렀지만, 이젠 내 상처를 치유하고 마음을 보듬으며 후회하지 않는 엄마가 될 것이다. 이 세상을 떠나는 날이 왔을 때 그동안 내가 가장 잘한 일이 아이들을 만나고 원 없이 사랑한 일이라고 말할 수 있도록.

내가 너의 빛이고
네가 나의 별이야

우리 엄마들 열심히 산다. 아이들에게 아토피나 알레르기가 있다면 먹는 것 하나하나 신경을 쓴다. 급식부터 과자, 음료수까지 조심해야 하므로 아이들도 스스로 가려 먹도록 교육하는 한편 학교에서 놀림을 당하지는 않을까 걱정한다. 알레르기가 있으면 급식시간에 못 먹는 음식을 미리 체크하고, 반찬을 따로 싸주어야 하며, 늘 음식 성분 등을 꼼꼼히 따져서 먹인다. 반응이 오면 온몸이 풍선처럼 부풀고, 응급실로 바로 가야 할 만큼 위급해질 때도 많다. 아토피가 심하면 밤마다 가려워서 긁다가 피까지 나는 아이를 안쓰럽게 바라보며 약을 발라 주고, 걱정하며 밤을 보낸다. 주변에서 좋다는 이야기만 들으면 열일 마다하고 병원도 가보고, 좋은 음식도 구해오지만 쉽게 낫지 않아 애만 태운날이 숱하다.

자식 걱정으로 가득한 엄마들의 삶

미세먼지도 직격탄을 날리고 있다. 3~4년 전부터 우리 입에 오르내리더니 이제는 아침마다 날씨보다 미세먼지를 먼저 체크한다. 초반에는 겨울에만 그러더니 요즘은 고온현상의 봄까지 미세먼지에 둘러싸여 있다. 억지로라도 아이들에게 마스크를 씌워 놀게 하거나 아예 실외활동을 못 하게 한다. 안타깝지만 건강을 생각해 제지해야 하는 게 엄마들 입장이다.

아이들의 성장 속도 역시 고민이다. 키가 너무 작으면 성장을 촉진하도록 아이에게 매일 주사를 놓기로 결정하기도 한다. 잘 먹고 키가 쑥쑥 크는 건 좋은데 너무 빨리 커도 성장클리닉에 가야 하나 고민한다. 특히 여자애들은 키가 너무 빨리 크면 2차 성징이 나타나고, 초경을 일찍 시작할까 봐 염려한다.

공부도 걱정거리다. 엄마들 만날 때마다 누가 1등 했네, 대회에서 상 받았네, 어디 학원이 좋더라는 이야기를 들으면 우리 아이도 시켜야 하는데 너무 뒤처지나, 내가 너무 안일했나 별별 생각이 다 든다. 일일이 스케줄 짜고 차로 픽업하고 간식 도시락도 열심히 챙겨주며 툴툴대는 아이를 살살 구슬리고 달랜다. 노력만큼 결과가 안 보이면 답답한 마음에 아이와 냉전을 벌이기도 한다.

일하는 엄마들은 떨어져 있는 동안 아이가 잘 지내는지 늘 안쓰럽고 미안하다. 학원에 보내도 잘 챙겨주지 못하고, 평일에 있는 행사에 못 가는 게 미안하지만 어쩔 수 없이 아이가 감당해주길 기대한다. 엄마도 일하느라 정신없고, 피곤하지만 하는 데까지 최선을 다해 아이를 챙기려고 한다.

희망을 찾아가자

얼마 전에 둘째가 검사받을 일이 있어 대학병원 소아과 병동에 갔다. 아픈 아이들이 정말 많았다. 아이들 손과 발에 주렁주렁 꽂힌 링거를 보며 마음이 아팠다. 특히 아픈 아이들을 돌보는 부모에게 마음이 갔다. 자식이 아프면 내 아픔과 불편쯤은 아무것도 아닌 게 되고 오로지 아이만을 위해 내 삶은 사라진다. 사정을 잘 모르는 사람들과 말이 통하지 않아 혼자 이겨내며 외로움과도 싸운다. 아이가 나을 수만 있다면, 건강해질 수 있다면 엄마들은 어떤 일도 감내할 것이다.

상담실에서 만난 엄마들도 그랬다. 친구관계에서 받은 상처, 따돌림, 학교폭력, 무기력 등 아이들은 여러 원인으로 상담실을 찾는다. 발달장애, 발달지연을 겪는 아이들도 만난다. 마음이 아프거나 장애가 있는 아이의 엄마도 아이만큼 지치고 외롭다. 마음의 상처가 깊다. 그래도 더 나은 상황을 기대하고, 힘을 내 상담실을 찾아주시는 게 감사하다.

가족의 모습도 다양해졌다. 우리 주위에서 한부모, 미혼모 분들이 더 이상 낯설지 않다. 다문화, 탈북 가정의 엄마들도 우리와 함께한다. 환경만 다를 뿐 정상과 비정상으로 나눌 수 없다. 사회가 씌워놓은 색안경을 벗고 엄마라는 이름으로 서로 포용하기를 간절히 바란다.

엄마도 치열하게 살다 보니 지금의 모습에 다 이유가 있고, 역사가 있었다. 개인의 힘만으로 바꾸기 어려울 때도 있다. 환경오염이나 장애인식 문제 등 사회, 문화나 제도의 미비, 경쟁과 갈등을 조장하는 식으로 육아에까지 손을 뻗치는 자본주의의 폐해, 우리 100년 역사에서 외세에 처참히 무너진 교육제도까지. 개인에게만 책임을 물을 수 없는 일들이 여전히 우리 사회에 만연해 있다. 우리는 다행히 어려움 속에서도 성장하려는 끈을 놓지 않았다. 경제를 일으키고, 민주주의를 지켜내고, 나라를 변화시키기 위해 노력하고 있다. 희망이 보인다. 그 희망을 이루기 위해 개인도 성장하며, 함께 힘을 보탤 수 있다.

우리는 친구입니다

몇 해 전 외국인 상담 선생님께 개인상담을 받을 기회가 있었다. 불과 50여 분 동안 강력한 알아차림의 순간이 되었다. 쭉 상담 주제로 이야기하다가 내게 남편과 아이들이 있다고 하자 선생님은 그렇게 보이지 않았다며 깜짝 놀랐다. 아이 엄마가 아닌 젊은 아가씨처럼 보인다는 말로 듣고 기분이 으쓱했는데 이어진 말에 곧 울음이 터졌다.

"철저히 혼자인 것처럼 느껴져서 놀랐어요. 당신 주변에 가족이 있다는 생각이 들지 않을 만큼 외로워 보였거든요."

서러움이 복받쳐 한참 우는 나를 따듯한 눈빛으로 바라보고 기다려주셨다.

"울고 있는 모습을 보며 나도 마음이 아프네요. 만약 당신이 내 딸이었다면 꼭 안아주었을 겁니다. 마음으로 안아주고 있어요."

이 말을 해주는 선생님의 눈물 맺힌 눈을 보며 또, 눈물이 흘렀다. 참 외롭게 살아왔고, 혼자 이 세상을 상대로 싸우듯 경계 태세로 살아왔다는 생각이 들었다. 내 옆에 아이들과 남편, 부모님, 가족, 친구들이 있는데도 말이다. 아이들을 위한다면서 아이들과 함께 있는 시간에 푹 빠지지 못하고, 외부의 시선을 더 중요하게 여겼다. 건강, 환경, 친구, 교육 등만 신경 썼다. 내가 진심으로 아이와 연결되어 있지 못했다는 사실을 깨달았다. 그 어떤 누구와도 말이다. 그 순간, 상담 선생님의 눈을 보며 나를 진심으로 걱정해주는 사람이 있음에 안심이 되었다. 그 눈빛을 평생 못 잊을 것이다.

어느덧 내가 그 눈빛으로 세상을 바라보게 되었다. 엄마들에게도 경쟁자 아닌, 친구로 다가가고 싶다. 상황은 달라도 아이들을 사랑하고, 걱정하며, 온 힘을 다해 키워내는 대단한 엄마들과 소중한 순간들을 나누고 싶다. 엄마가 자기치유를 통해 마음을 관리하며, 자신을 위로하고, 사랑하면 부부관계가 변화되고, 그 힘으로 가정이 튼튼해지며, 사회도 치유될 수 있다.

아침마다 둘째와 유치원 가는 길에 위키드 방송에 나왔던 핑크팀의 〈빛〉이란 노래를 들었다. 첫째가 합창 연습하며 알려준 곡인데 들을 때마다 첫 소절부터 눈물이 차오른다. 내게 이런 친구가 있다면 더 바랄 것이 없겠다. 우리 아이들에게 이런 친구가 있다면 더 걱정할 일이 없겠다. 옆집 엄마 말고, 엄마친구들이 나를 살게 해주었다. 이제 내가 받은 위로를 함께 하고 싶다. 엄마친구로서, 당신의 삶을 열렬히 응원한다.

항상 네 곁에서 널 위로해줄게
울지 마 눈물 닦아줄게 나의 친구야
네 맘 다치거나 가슴 아려올 때
너의 뒤에서 네 어깰 감싸줄게

너의 마음에 귀를 기울이고

너의 웃음꽃 피게 꼭 안아주면
조금 불안하고 조금 아프더라도
널 괴롭히던 일도 모두 괜찮아질 거야

저 하늘에 들리게 크게 웃어보자
솜사탕처럼 달콤한 미소 가득할 거야
너의 모습 그대로 널 사랑할 거야
내가 너의 빛이고 네가 나의 별이 될 우리 둘의 세상을

내면의 나를 알아차리고 만나는 시간입니다. 읽으면서 떠오른 자신의 모습을 글이나 그림으로 돌아보는 시간을 가져보세요. 작성한 다음에는 따듯하게 바라보면서 자신과 이야기 나누는 시간이 필요합니다.

마지막 단계로 '지금, 있는 그대로의 나'를 만나는 작업은 한편의 영화 주인공처럼 나를 바라보며, 스스로를 사랑해 주는 과정입니다. 다른 누구와도 비교할 필요가 없습니다. '난 이런 사람이야' 자신 있게 엄지 척! 올려주세요.

지금, 있는 그대로의 나를 만나기

편한 자세로 앉아 숨을 크게 내쉬어 봅니다. 숨을 천천히 들이마시는 것을 알아차려 봅니다. 이제, 천천히 숨을 내뱉음을 알아차립니다. 이 과정을 세 번 반복합니다. 숨이 들어오고 나가는 것을 알아차리는 동안, 우리는 지금 여기에 온전히 존재합니다. 그 누구도 아닌, 나의 존재 자체로 편안히 있게 됩니다.

이번 시간에는 마지막으로, 있는 그대로의 나를 만나봅니다. 나는 정말 누구일까? 내가 좋아하는 것은 무엇일까? 좋아하는 음식, 활동, 영화, 노래, 사람들 등을 떠올려 보세요. 그렇다면 싫어하는 것은? 싫어하는 음식, 활동, 영화, 노래, 사람들 등을 떠올려 보세요. 누구나 좋아하고 싫어하는 것이 있습니다. 내가 잘 할 수 있는 것은 무엇인가요? 내가 지금 원하는 것을 생각해보세요. 어떤 활동, 일, 관계, 시간, 빅 픽처를 원하나요? 아이들과 어떤 관계를 맺으며 성장하길 원하나요? 여러 역할 속 나의 능력, 환경, 욕구, 의무 등을 인지하고, 있는 그대로 나를 수용해주세요. 내 안에서 답을 찾고, 나를 믿고 갈 때의 미래는 불안보다 희망이 높아집니다. 나, 지금 그대로 충분합니다. 이제 잠시 눈을 감고, 1분 정도 이 장면을 만나봅니다.

눈을 뜨고, 지금의 기분이나 떠오른 장면 등을 자유롭게 그림 또는 글로 표현해보세요.

그림 또는 글로
표현해
보세요.

마치는 글

친정에 들렀다가 우연히 20여 년 전, 고등학교 시절의 교지를 발견했습니다. 교지편집부로 활동했던 제 이름도 쓱 찾아보고, 제 글도 훑어봤습니다. 그러다가 교지에 끼어 있던 편집부 단체사진 2장을 발견했습니다. 사진 속 제 모습을 보고는 조금 놀랐습니다. 다들 앞을 보고 정자세로 있는데 저만 웃는 얼굴로 옆에 있는 친구에게 기대거나, 친구 어깨에 팔을 두르고 있었습니다. 평상시 사진 찍을 때 별로 웃지 않기 때문에 이 모습이 참 낯설면서 신기했습니다. 옆의 친구를 참 좋아했나 봅니다.

그 낯선 모습에, 제 기억이 전부는 아니겠단 생각이 들었습니다. 살면서 스스로 만든 틀에 기억들을 편집하여 그 장면들만 내내 들여다보면서 저는 외롭고, 사람들과 소통도 어렵고, 아이들도 잘 못 키우는 엄마라고만 주입했을지 모릅니다. 좁은 쳇바퀴 안에서만 쉼 없이 달리다가 잠시 속도를 늦추고 거기에서 내려왔습니다. 영영 이 쳇바퀴에도 다시 올라타지 못할까 걱정도 됐지만 내려와 땅을 디디고, 천천히 걸으며 주위

죽는 날까지 숨을 쉬듯 나와 함께할 친구, 마음

를 둘러보니 볼 것이 더 많았습니다. 어떤 것도 변하거나, 무너지거나 큰 일이 나지 않았습니다. 제 옆의 아이들도 아무렇지 않았고, 오히려 더 얼굴을 마주 보고 마음으로 만나며 손을 잡게 되었습니다. 오랜 시간 제 마음을 천천히 여행하며, 이제 다시 사진기 앞에서 조금씩 웃을 수 있게 되었습니다. 아이가 저를 향해 찍어주는 사진부터 시작하며 세상을 향해 웃고 싶어졌습니다.

여기서 끝나고 멈추지 않을 겁니다. 저는 순간순간 알아차리며 제 마음을 더 바라보고 보듬어 줄 것입니다. 마음은 죽는 날까지 숨을 쉬듯 저와 함께할 친구입니다.

제가 이 도전을 과연 끝낼 수 있을까 했는데 마쳤다는 것이 얼떨떨하며, 기쁩니다. 어머니들께 조금이라도 도움을 드리고 싶어 시작한 일이고, 그 일을 완성하여 벅차오릅니다. 이 책이 나오기까지 저를 지지해 준

가족들, 사랑하고, 감사합니다. 제가 이 땅에 두 발을 딛게 해주신 부모님, 옆에서 가장 힘이 되어 주신 시부모님, 저의 성장을 지지해주는 든든한 남편, 제게 무한사랑을 알려준 사랑스런 두 딸, 그리고 가족들과 엄마 친구들. 제가 이 세상에서 얻은 귀한 선물입니다. 추천사로 용기를 주신 선생님들, 인터뷰로 삶을 나눠주신 아홉 분의 어머님들, 상담 내용을 올리도록 허락해 주신 내담자 분들, 원석 같던 제 글을 갈고닦아 주신 씽크스마트 김태영 대표님과 이순업 실장님께도 가슴 깊이 존경하고, 감사드립니다.

참 고 문 헌

김정규 저,《게슈탈트 심리치료: 창조적 삶과 성장》(2판), 학지사(2015).

Violet Oaklander 저, 김정규, 윤인, 이영이 공역,《아이들에게로 열린 창》, 학지사(2006).

Gary M. Yontef 저, 김정규, 김영주, 심영아 공역,《알아차림, 대화 그리고 과정》, 학지사(2008).

송수용 저,《마지막 1% 정성》, 멘토르(2013).

정용선 저,《아빠도 아빠가 처음이라서》, 씽크스마트(2017).

최희수 저,《내면여행》, 푸른육아(2013).

르네 피터슨 트뤼도 저, 서우다 역,《힐링맘》, 베스트프렌드(2009).

마샤 그래드 저, 김연수 역,《동화 밖으로 나온 공주》, 뜨인 돌(2002).

데보라 노빌 저, 김용남 역,《감사의 힘》, 위즈덤하우스(2008).

바버러 쿠니 저, 우미경 역,《미스 럼피우스》, 시공주니어(2017).

이지성 저,《꿈꾸는 다락방》, 차이정원(2017).

권영애 저,《그 아이만의 단 한사람》, 아름다운 사람들(2016).

신유경 저,《땡큐레터》, 라온북(2016).

지아 장 저, 임지연 역,《거절당하기 연습》, 한빛비즈(2017).